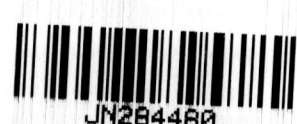

立花龍司のメジャー流少年野球コーチング小学生編

著者／立花龍司

高橋書店

Coaching of
Major Style
for
School Children
by
Ryuji Tachibana

本書で紹介していく「メジャー流」とは、選手がみな野球というゲームを心から楽しみ上達することを表しています。野球が好きでたまらなかった少年時代の気持ちをフィールドいっぱいに表現する姿や、大胆でパワフル、シャープなプレーをまのあたりにすることで、それを見守るファンも野球の醍醐味を感じずにはいられな

個性を伸ばして
大きく育てる
野球を楽しむ心を育む
メジャー流の少年野球

くなる、…それがメジャーの野球なのです。アメリカの野球が「ナショナルパスタイム（国民的娯楽）」と呼ばれるゆえんは、こんなところにあるのでしょう。

メジャーの野球がそうであるように、アメリカの少年野球指導の現場にも、日本とはちがった趣があります。彼らが子供たちに徹底して教えるのは、技術でも戦術でもなく、"野球の楽しさ"そのものだからです。

コーチとは【COACH】

ビジネスやスポーツなど、さまざまな分野でよく耳にする「COACH（コーチ）」の語源が「馬車、貨車、客車」であることをご存じでしょうか。コーチとは、ゴールをめざす人、目標を達成したいと思っている人を、その到達地点まで送り届ける役目を持った人なのです。

これを果たすためには、説明と技術の実演で選手を納得させ、モチベーションを高めてあげることも必要です。理論を理解し的確に技術を指導する、そのうえで選手とのコミュニケーションがとれて、はじめてコーチと呼べるのです。

野球が好きになり自ら練習し上達するような環境づくり

　イチロー選手が父親と毎日のようにバッティングセンターに通い、1日に250球も打っていたという話は有名です。しかし、それは決して父親に強制されたからではなく、本人が望んだ結果でした。自らの意志で野球に取り組み、考えながらバッティング練習に励んだ少年時代。彼はそのころから、メジャー流野球を実践していたわけです。

　上達のために自分で考え努力する力は、野球が好きだからこそ生まれてくるものです。本書では、走・攻・守にわたるフォームなどのポイントを多数紹介していますが、いきなりすべてを教え込もうというわけではありません。小学生のうちから多くの知識や技術を詰め込みすぎると、選手が「迷子」になり、結果的に上達を遠回りさせてしまいます。まずは過去の本人と比べて成長している部分や、見つけた長所をほめることなどからはじめましょう。このような、野球を好きになれる、上達できる楽しさに気づける環境が、自ら成長するよい選手をつくるのです。

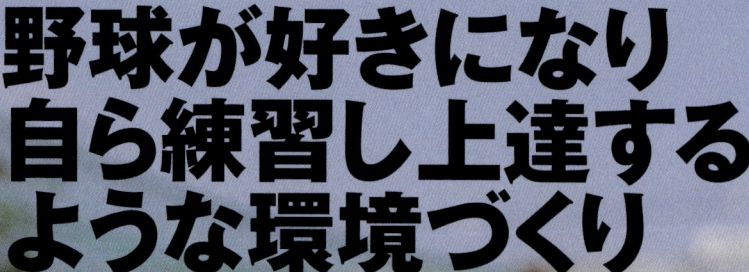

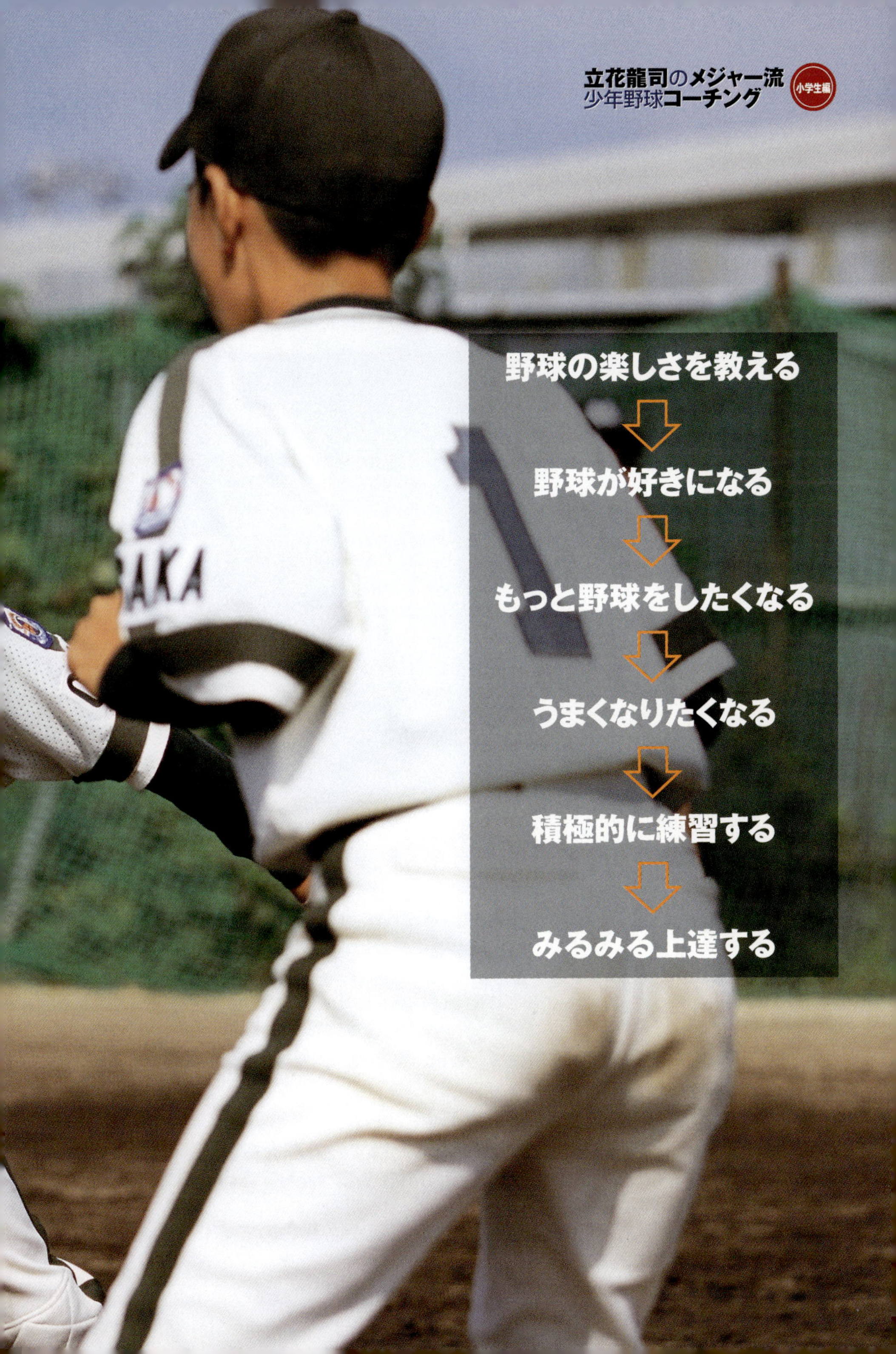

野球の楽しさを教える

↓

野球が好きになる

↓

もっと野球をしたくなる

↓

うまくなりたくなる

↓

積極的に練習する

↓

みるみる上達する

目先の勝利や技術より大切なことを教えよう

少年野球の目的が、目の前の試合に勝つためだけ、
技術を習得させるためだけになっていないでしょうか。
勝利にこだわりすぎて、子供たちが大好きだったはずの野球を嫌いにさせたり、
負担の重い練習でのケガで、夢半ばに挫折させてしまったりするのでは本末転倒。
将来、大きく伸びていく姿を見すえ、
次の指導者に最高の状態で引き渡せるような指導が必要なのです

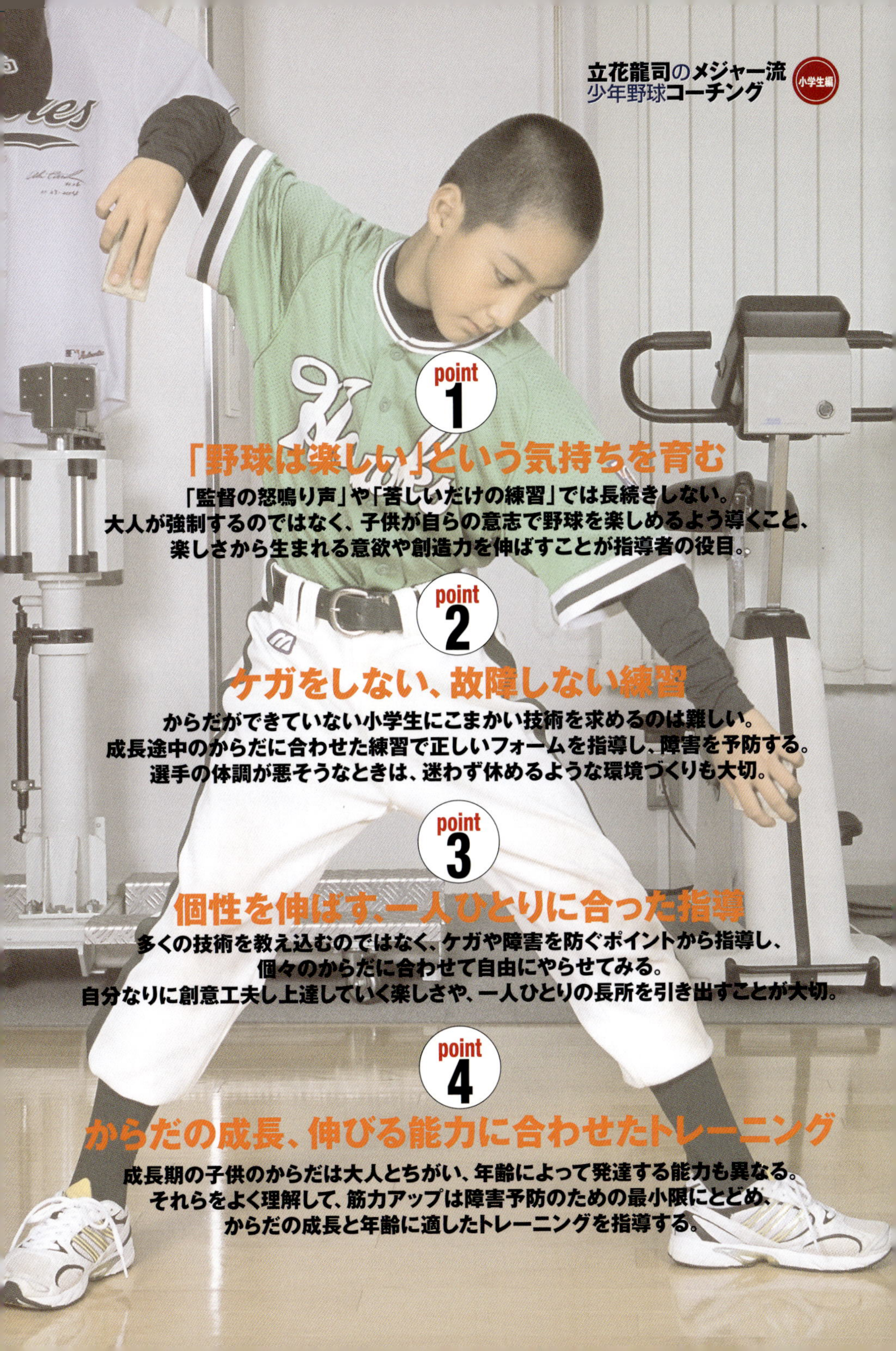

point 1

「野球は楽しい」という気持ちを育む

「監督の怒鳴り声」や「苦しいだけの練習」では長続きしない。
大人が強制するのではなく、子供が自らの意志で野球を楽しめるよう導くこと、
楽しさから生まれる意欲や創造力を伸ばすことが指導者の役目。

point 2

ケガをしない、故障しない練習

からだができていない小学生にこまかい技術を求めるのは難しい。
成長途中のからだに合わせた練習で正しいフォームを指導し、障害を予防する。
選手の体調が悪そうなときは、迷わず休めるような環境づくりも大切。

point 3

個性を伸ばす、一人ひとりに合った指導

多くの技術を教え込むのではなく、ケガや障害を防ぐポイントから指導し、
個々のからだに合わせて自由にやらせてみる。
自分なりに創意工夫し上達していく楽しさや、一人ひとりの長所を引き出すことが大切。

point 4

からだの成長、伸びる能力に合わせたトレーニング

成長期の子供のからだは大人とちがい、年齢によって発達する能力も異なる。
それらをよく理解して、筋力アップは障害予防のための最小限にとどめ、
からだの成長と年齢に適したトレーニングを指導する。

成長過程の子供たちを年齢に合ったトレーニングで伸ばす

成長には段階があって、年齢によって伸びる能力が異なります。
小学生は、神経系の能力が発達するゴールデンエイジ。
この時期にどんな能力が発達するか、そのために
どんなトレーニングが必要かを、理解しておきましょう

たとえば小学校低学年の子供に、最初から正しいボールの握り方、投げ方を教えようとしても、まだ手が小さく指も短いため、むずかしいでしょう。まずは握り方やフォームを気にせず、自由に投げさせるべきです。このように、大人と子供のからだが大きくちがうことを、親や指導者は忘れてはいけません。

両方のもっとも大きなちがいは、日々の「成長」です。とりわけ大きく成長するのが、目で見たことを脳で理解し、思いどおりにからだを動かす「巧緻《こうち》性」をつかさどる神経系。この能力が集中的に発達するのが、小学校の低学年「プレ・ゴールデンエイジ」の時期です。さらに、人の動きを数回見ただけで、あっという間にマネできてしまう「即座の習得」といわれる能力が、小学校の高学年「ゴールデンエイジ」で伸びてきます。神経系の成長は、中学生になってからではあまり望めません。小学生は野球をはじめ、あらゆるスポーツで必要とされる神経系の働きを伸ばす重要な時期なのです。逆に過度な筋力トレーニングは、まだ骨のやわらかい小学生にとって成長の妨げになりかねません。

みなさんにとって大切なのは、子供たちの成長過程をふまえ、年齢に合ったトレーニングで伸ばしてあげることなのです。

将来を見すえて才能を開花させる野球を生涯楽しめる心とからだを育てる

小学生では、体格の差が大きなアドバンテージになります。しかし、もともとからだが小さかった子や内気な子が、将来メジャーリーグで活躍する選手になることも多いのです。それは、指導者が可能性を引き出しているからにほかなりません。本書では、いかに子供の長所を伸ばし、将来につながる才能を開花させるかを考えています。

たとえば子供がミスしたとき、頭ごなしに怒鳴っていませんか。そんなときは感情的に怒るのではなく「何がいけなかったか」「どう改善できるか」を子供たちに考えさせ、理解させながら“叱る”ことが大切。納得すれば「次はこう工夫してみよう」と、本人が考える習慣ができます。失敗は責めず、できるだけ長所を見つけてほめてあげましょう。ほめられたことが、次の練習のやる気につながります。子供たちにとって、大人から怒鳴られることはそれだけで恐怖を感じるもの。これをくり返して、本人が納得していなくても「はい」とうなずいてしまう習慣がつくと、野球を嫌いにさせるばかりか、自主性さえも奪ってしまいます。

「ゴールデンエイジ」では、からだの成長に合わせて指導し、野球を生涯楽しめるようになるよう、心の成長もサポートしてあげましょう。

ありがちな指導

試合でミスする

↓

コーチに
頭ごなしに怒鳴られる

↓

コーチのいう通りに
無理をしてやる

↓

試合には勝てたとしても
自主性は培われない

↓

これをくり返していると
野球が嫌いになる。
同時にケガや不調（イップス）を
起こしやすくなる

メジャー流の指導

試合でミスする

↓

ミスを認め、
何がいけなかったか自分で考える

↓

ミスをしないために
何をすべきか考え、
答えを見つけて実行する

↓

結果がどうあれ、
その姿勢が見られたら
とにかくほめる

↓

自主性と創造力が身につき
向上心がめばえる

立花龍司のメジャー流 少年野球コーチング

小学生編
CONTENTS

立花龍司のメジャー流
少年野球コーチング 小学生編 CONTENTS

第1章
ピッチング&スローイング

投げる

メジャー流 ケガをしない フォームを身につけよう

肩やひじを壊すことなく、活きた球を投げ続けるには、正しいフォームを身につけることが必要です。正しく投げることで、からだへの負担が減り、肩やひじも故障しにくくなります。さらに効率よくボールに力が加えられるため、もっともスピードを出しやすくなるともいえます。

基本はしっかりおさえたうえで、個々のからだに合わせて楽しく上達させてあげるのが、メジャー流の指導なのです。

現代の子供たちの遊びから投げる動作がなくなった

“投げる”という動作は野球の基本です。ところが近年「子供たちの投げる能力がどんどん低下している」と、野球指導者のだれもが口にするようになりました。これにはさまざまな理由が考えられますが、環境の変化が大きく影響していることは確かなようです。

まず、屋内で楽しむテレビゲームなどが充実し、外で遊ぶことがめっきり少なくなったこと、また、キャッチボールをしようにも空き地はフェンスで閉ざされ、都会のほとんどの公園で禁止されていることが考えられます。

ほかにも、父親が忙しくてキャッチボールの相手をする機会が少なくなったことなど、身のまわりの環境を振り返ってみるだけで「そういえば」と思うようなことばかりです。

投げるという基本動作を昔ながらのメンコ遊びで教えよう

ひと昔前なら、多くの男の子たちが親しんだメンコ遊びが、まったく見られなくなったのも理由のひとつといえます。メンコ遊びは、野球でボールを投げる動作の習得に大いに役立っていたのです。

メンコを投げる動作を想像してみてください。いったん後ろに引いてから、腕をしならせるように振り下ろして地面に叩きつけます。こうして投げるという一連の動作を、遊びのなかで自然に身につけていたのです。

メンコに限らず、鬼ごっこや木登りなど、あらゆる遊びが野球の基礎能力アップにつながっていました。このような環境の変化を受け止めながら、まずはメンコで“投げる”という動作を教えるのもいいでしょう。

低学年や初心者であれば、まずは握り方も気にせず、ゴムボールなどで投げる楽しさを味わわせればいい

基本の練習

キャッチボール
早投げキャッチボール
遠投
塁間キャッチボール（内野手）
バックホーム練習（外野手）
ピッチング練習（バッテリー）

正しいフォームを身につけるには

- バウンドキャッチボール …… →P.50
- フットボール投げ …… →P.51
- ドッジボール抜き …… →P.52
- バドミントンシャドー …… →P.53
- 肩甲骨エクササイズ …… →P.54
- サイドステップ …… →P.136
- ラダー …… →P.142
- 片足閉眼立ち …… →P.154
- バランスビームウォーク …… →P.155
- バランスボード …… →P.159
- 手足クロス上げ …… →P.166
- 椅子エクササイズ …… →P.171
- チューブエクササイズ …… →P.172
- メンコエクササイズ …… →P.180
- ファンエクササイズ …… →P.182
- ペットボトルエクササイズ …… →P.186

ピッチングフォーム（横から）

point 2
おしりの左外側から始動し、体重を移動していく
point 1
軸足でまっすぐ立ち、そこに体重を100%乗せる
point 3
両腕と左股関節を無意識に内側にひねる
point 4
左足が着地したとき、両肩の延長線上に右ひじがくる

正しい投球フォームなら ケガなく球がどんどん速くなる

投球フォームは、下半身でためた力を上半身に伝え、さらに肩、腕、ひじ、手、指先へと順に集めていき、最後にボールに伝える動きです。この一連の動作のどこかに無理やロスがあると、持てる力を十分には発揮できません。その決め手となる、下半身の使い方と腕の振り方のコツを紹介していきます。

投球動作での最初のポイントは、軸足（右足）で立ったときに体重を軸足にしっかり乗せているかどうかです。軸足に全体重を乗せるのが理想で、半分しか乗せられなければ、踏み出し足（左足）に体重移動したときも半分程度しか乗らず、どんなに効率よく速く腕を振っても、ボールにそれ以上の力を伝えられません。

また、肩に負担をかけず、選手が持っている力を無理なく発揮するには、自然な腕のひねりを使うことも大切です。両肩を無意識に

内—外—内の順でひねって投げる必要があります。ここで大切なのは、「腕を振るときに肩のまわりの骨や筋肉にもっとも負担のかからない角度」である"ゼロポジション(34ページ参照)"で投げることです。野球に限らず、テニスやバレーボールなどでも、ゼロポジションでの腕の振りが理想とされています。高い位置から投げ下ろしたいときは、右肩を上げたぶん左肩を下げることで、ゼロポジション同様、肩に負担をかけずに腕を振れます。

正しい投球フォームは、無理がないためケガをしにくく効率のいいものです。そして、もっとも安定した形なので、力の出しやすいフォームともいえるのです。

教えて立花さん!!

Q 低学年の子供たちにはどう指導すればいい?

からだのできていない子供に無理をさせてはいけません。以下のことに注意しましょう。

①とにかく楽しませる
②こまかいことを教えすぎない
③「野球好き」にさせる
④手が小さいうちはボールの握り方もやりやすいようにさせる
⑤うまくできたら、それをほめてあげる
⑥ケガをしないためのポイントをきちんと覚えさせる
⑦絶対に無理をさせない

ピッチングフォーム（正面・上から）

背中側に倒れないようにする

おしりをバッターにぶつける意識で

グラブを投げる方向に向ける

投げる方向に左足を踏み出す

point 1　point 2　point 3　point 4

軸足の甲を投げる方向と直角にする

左足を二塁側に引きながら上げる

両腕を自然に内側にひねる

右足でけりながら左足を踏み出す

point 5 point 6 point 7 point 8

軸足に重心をおいて、まっすぐ立つ

最初のポイントは、軸足（右足）に全体重を乗せてまっすぐ立つこと。軸足は文字どおり、投球で起きる回転運動の軸になるので、ふらつくようでは正しい回転ができません。

右足裏をプレートと平行（つま先が三塁側）にして立ち、右足と頭を結んだ線が真上を向くように軸をつくります。そのまま軸を崩さず、左足のひざを軸足に巻きつけるように上げていきます。ここでしっかり立てていることが、正しいフォームの第一歩なのです。

Check
からだの軸
軸足のひざが曲がるなどして、まっすぐ立てないと、からだの軸がゆがみ、正しい回転運動ができない

Check
左足の位置
リラックスした状態から、からだを三塁側に回転させながら、左足をからだの軸に巻きつけるような意識で徐々に上げていく

右足裏はホームベースに対して直角、つま先を三塁ベースに向けて立つ

コーチング「あごを引いてまっすぐ立とう」

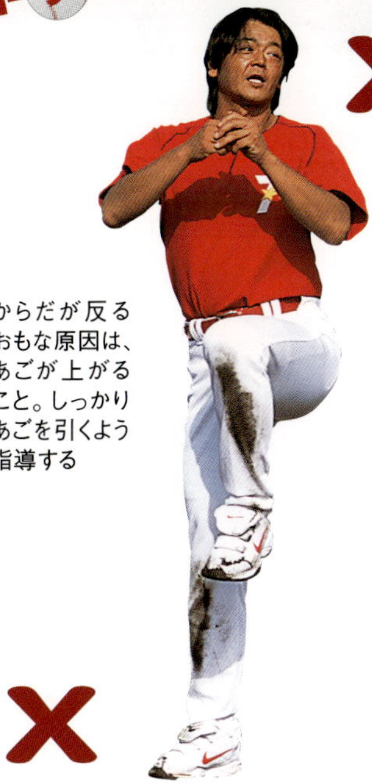

軸足（右足）で立ったとき、背中側に反ったり、前屈みになったりしていると、軸足に体重をしっかり乗せられない。まっすぐ立てなければ投球動作にロスが生じ、スムーズに次の動きへと移れないため、コントロールにも悪影響を及ぼしてしまう。
選手によっては、本人はまっすぐ立っているつもりでも、じつは傾いているというケースがよくある。その場合、「プロ選手のフォームはカッコいいと思うかい？」などと声をかけ、好きな選手のフォームをマネさせたりするのもいいだろう。

からだが反るおもな原因は、あごが上がること。しっかりあごを引くよう指導する

軸足で立ったとき、軸足のひざが曲がると、前屈みになりやすい

軸を安定させるトレーニング

バランスボード

肩幅くらいの不安定な板の上で、両足で踏ん張って立つ

▶▶ P.159

片足閉眼立ち

目をつぶって片足で立つ練習。ゲーム感覚で、何秒立っていられるかを競う

▶▶ P.154

手足クロス上げ

四つんばいになって、左手と右足、右手と左足の組み合わせで交互に伸ばす

▶▶ P.166

バランスビームウォーク

幅10cmほどの角材などの上でバランスをとりながら1歩ずつ前に歩く

▶▶ P.155

point 2 おしりの左外側から始動

投球で下半身を使う目的は、右足に乗せた体重を左足に移動させて、そのエネルギーをボールに伝えることです。

軸足（右足）にしっかり体重を乗せたら、おしりをバッターにぶつけるように（ヒップファースト）始動させましょう。体重移動ができないまま、腕の振りだけで速い球を投げようとすると、肩やひじによけいな負担がかかってケガの原因にもなります。正しくできるまで、きちんと指導することが大切です。

上体の力を抜いた状態で、ゆっくりバッター方向にからだを倒していく

Check

おしり

軸足に体重をしっかり乗せて立ったら、おしりの左側をバッターにぶつけるようにからだを倒していく

コーチング「しっかり体重を乗せてみてごらん」

活きた球を投げるための基本は、おしりから始動する“ヒップファースト”。おしりがバッターに向く時間を長くすることで、ボールを投げるときに上体が一気に回転するため、より速い球を投げられるようになる。
しかし、指導を受けたことのある選手でも、頭では理解しているのに気が焦って、軸足（右足）にしっかり体重を乗せきる前に始動してしまうケースが目立つ。そんなときは指導者が、投げる方向からからだを受け止めるようにしながら（写真）、ゆっくり、しっかり始動する練習をくり返すといい。椅子に座るようなイメージでやらせてみよう。

軸足に体重をしっかり乗せた状態をつくらせ、手をかざして安心して体重をかけられるようにする

くり返し練習しながら“ヒップファースト”の形を覚えさせる

前にある椅子に座るようなイメージで投げさせる

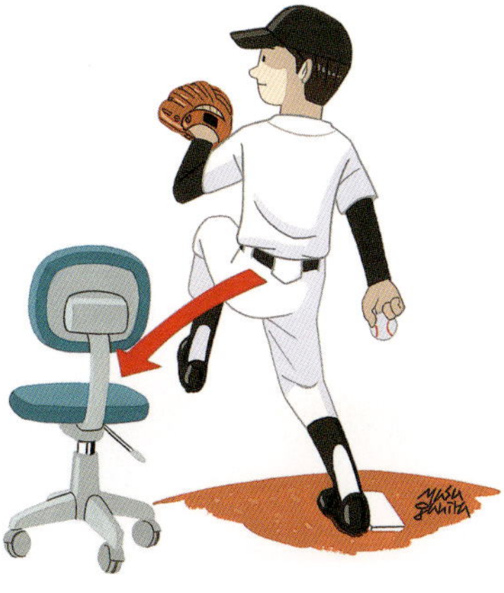

しっかりと子供を見て、サポートの準備をする

子供を不安にさせないように、両手でしっかり支える

point 3 両腕をしっかり内側にひねる

テークバックでは“ヒップファースト”をなるべく保ち、軸足（右足）を中心にからだを回転させながら、左足をバッター方向に踏み出します。ここでのポイントは、両腕を前後に伸ばしながら自然に内側にひねること。両手の小指が上を向くまで絞り込みます。

また、グラブの先を投げるほうにしっかり向けることで、コントロールがつきやすくなります。このとき、あごが上を向かないよう、しっかり目標を見すえることが大切です。

グラブ越しに投げる方向を見定めながら、軸足（右足）でプレートをける感覚で踏み出す

Check

右手

ボールを握った右手の親指を下に、小指を上に向けるようにしてからだの内側にひねりながら、バッターの方向にからだを倒していく

Check

左手

右手と同様、グラブをはめた左手の親指が下に、小指が上に向くようにひねる。グラブを照準に使って投げる方向を見定めると、球が安定する

Check

左股関節

左足が着地するまで、左の股関節は内側にひねられた状態を保つ

COACHING コーチング

「グラブを投げるほうに向けよう」

選手の前に正座し、グラブを頭の左側に添えさせるとわかりやすい

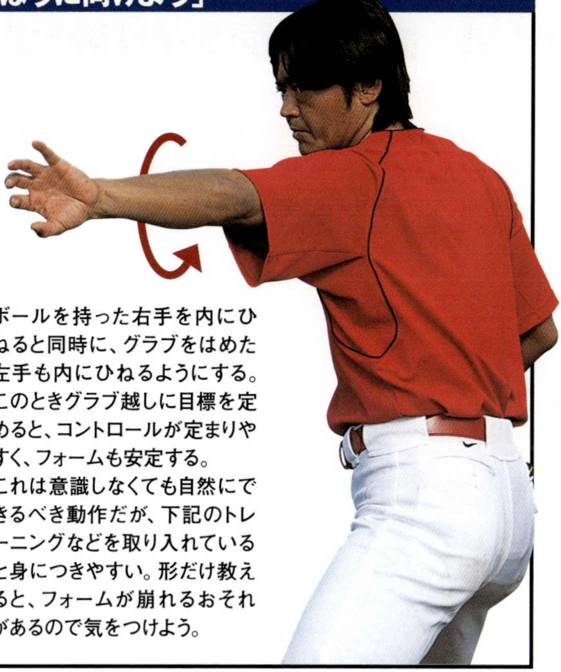

ボールを持った右手を内にひねると同時に、グラブをはめた左手も内にひねるようにする。このときグラブ越しに目標を定めると、コントロールが定まりやすく、フォームも安定する。
これは意識しなくても自然にできるべき動作だが、下記のトレーニングなどを取り入れていると身につきやすい。形だけ教えると、フォームが崩れるおそれがあるので気をつけよう。

グラブの小指側の先が上を向くようにしっかりひねり、目標に向いているかチェックしよう

フォームをつくるトレーニング
(3つの関節を内側にひねるために)

チューブエクササイズ(外旋・内旋)

腕を固定し、ひじから先を外側(内側)に向けてチューブを引く

▶▶ P.172

ファンエクササイズ(内外旋)

ひじを伸ばした状態で肩の高さまであおぐ

▶▶ P.182

ボールはさみ

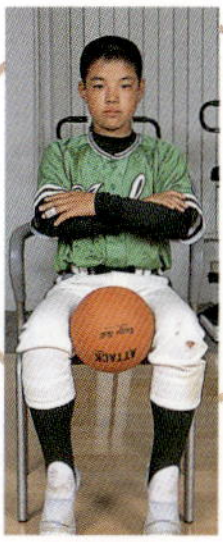

椅子に座って、ひざの間にドッジボールなどを全力ではさむ

▶▶ P.171

内また運動

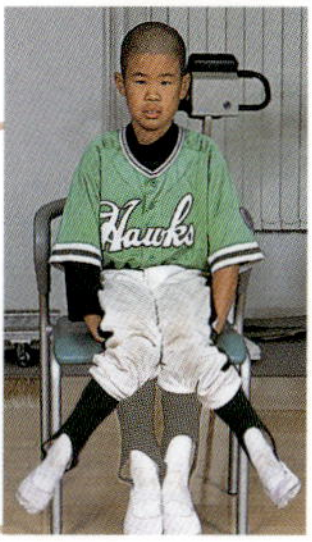

椅子に座って、ひざをつけたまま足先を左右に開き、静止する

▶▶ P.171

point 4 左右の肩を水平にする

両腕を内側に絞り込みながら、左足のつま先を投げるほうに向けて着地させます。両肩を結んだ線が地面と水平になること、左右の足を結んだ線が投げる方向にまっすぐ伸びていることが理想です。踏み出した左足が三塁側や一塁側に寄ってしまうと、上半身のひねりや腕の振りが不安定になり、コントロールがつきにくくなります。しかも肩にかかる負担が大きくなり、ケガの原因にもなるのです。練習を重ねて感覚をつかめるよう指導しましょう。

両足を結んだ線が投げるほうを向く

Check 左右の肩

左足を踏み出したとき、両手と両肩を結んだ線が地面の水平になるのが理想。このとき、右ひじが一塁方向に入りすぎないよう注意しよう。肩の前面に負担がかかり、ケガの原因にもなる

Check 右股関節

左足が着地した瞬間、右の股関節が内側にひねられた状態になる

Check 左足

軸足（右足）に巻きつけるように上げた左足のつま先を、投げる方向にまっすぐ向けて着地させる

コーチング　投げる方向にまっすぐ踏み出す

軸足（右足）と踏み出した左足を結んだ線が、投げたいほうへまっすぐ向くのが基本。安定したフォームはボールに伝わる力にロスが少なく、コントロールも定まりやすい。
左足が三塁側に向くと、上体を必要以上にひねらなければならないし、一塁側に向くと、上体をひねる途中でボールをリリースしてしまうので、ロスが生じやすくなる。

左足が三塁側に向きすぎていると、肩に負担がかかりやすい

N ➡ G

フォームをつくるトレーニング（ひじを上げるために）

バウンドキャッチボール

T字形に引いたラインの上で、足の角度を確かめながら投げる練習。地面にボールをぶつけて、ワンバウンドでキャッチボールの相手に返す

▶▶ P.50

正しい足の角度で地面に叩きつける練習をすることで、投げる感覚を身につける

point 5 胸を張ってひじから前に出す

踏み出し足（左足）を投げるほうに着地させたら、体重を左足に移動させながら、内側にひねっていた両腕を外側（上方向）にひねり返します。このときの形をトップといいます。ここで手や腕にムダな力が入っていると、しなる動きができなくなってしまうので注意しましょう。

そしてバッターに向かって大きく胸を張るようにし、一気に手首を返しながら、ひじを先行させて腕を前に振り抜きます。

Check

胸とひじ

左足を踏み出したら胸を張り、ひじの角度が90～80度になるのが望ましい。ひじが肩より下がると傷めやすいので注意

胸、ひじ、手の順にバッターにぶつける感覚で投げる

コーチング「こうやってごらん」

フォームの改善は、速い球を投げるためだけでなく、ケガ予防のためにも非常に大切。指導の際は、真剣なまなざしで、なぜフォームを変える必要があるのかを説明し、指導者が正しい手本を見せるようにしよう。

子供を楽しませる練習をするときとは表情を変えることで、伝えることの大切さを態度で示しておくと、話を聞く子供たちの姿勢も変わってくる。

指導の内容に応じて、その場の空気を変えてメリハリをつけていくことも、よい指導者になるためには必要不可欠だ。

また、子供のめざす投手が登板する野球中継をビデオなどに録画して、くり返し見させるのもいいだろう。頭の中でフォームを理解させ、そのイメージでマネをしようとするだけでも、かなりの効果が期待できる。これに加えて、鏡で自分のフォームを見ながら改善させることも、一連の動作を客観的に見れるので効果的。ホームビデオで撮影してチェックできると、過去の自分と比べた成長もわかるため、さらによいだろう。

フォームをつくるトレーニング（正しいトップをつくるために）

フットボール投げ

▶▶ P.51

ジュニア用アメリカンフットボールを正しい回転で投げることで腕、ひじ、手首の使い方を覚える

ドッジボール抜き

▶▶ P.52

ドッジボールを右耳と肩の間で抱えることでひじの位置が正しくなり、後ろに落とすことでひじが正しく抜ける

point 6 ゼロポジションで腕を振る

トップの位置から胸を張り、バッターにひじをぶつけるような形をとったら、ひじから先をしならせるように腕を振ります。このときの理想的な角度が“ゼロポジション”です。

“ゼロポジション”とは、肩甲骨のまわりの筋肉と腕の骨が一直線になる角度のことで、この角度で腕を振ると、もっとも肩に負担をかけず、もっとも効率よく速いボールを投げられるのです。まずはこの“ゼロポジション”で腕を振る感覚を指導しましょう。

Check

ゼロポジション

両肩とひじを結んだ線が一直線になる位置がゼロポジション

Check

左手

左手を外側にひねりながら、グラブを脇で抱え込むようにする

COACHING コーチング 「いい選手はみなここから投げるんだよ」

メジャーの選手も、このゼロポジションで投げている。それは、長いシーズンでの故障を最小限にとどめられるうえ、速い球も投げられるフォームだからだ。プロ選手のカッコよさを語りながら実演してみることで、子供たちも楽しみながら覚えてくれるだろう。

座った状態でゼロポジションを教えるときは、まず頭の後ろで手を組む

ひじの位置をそのままにして、腕をまっすぐ伸ばした位置がゼロポジション

フォームをつくるトレーニング

ゼロポジショントレーニング

うつ伏せになり、ゼロポジションの外側にペットボトルをおいて、ひじが触れないように腕を上下させる

▶▶ P.179

チューブエクササイズ（外旋・内旋）

腕を固定してひじから先を外側（内側）に向けてチューブを引く

▶▶ P.172

肩甲骨エクササイズ

ゼロポジションの位置で、背後にいるパートナーの親指をつかんで引っ張る

▶▶ P.54

チューブエクササイズ（斜外転）

片手でチューブをつかみ、反対の足で先端を固定して、ひじを伸ばしたままチューブを肩の高さまで引く

▶▶ P.173

ファンエクササイズ（内外旋）

ひじを伸ばした状態で肩の高さまであおぐ

▶▶ P.182

point 7 右腕を内側にひねる

“ゼロポジション”の位置でひじから先に動くように右腕を振りながら、ふたたび親指が下、小指が上を向くよう手先を内側にひねり、最後にからだに巻きつくように振り下ろします。上半身の動作は、腕の振りはじめから終わりまでを内―外―内とひねりながら行うのが基本ですが、先に形を教えてしまうと思いきりのよい投球ができなくなってしまう子もいます。エクササイズを通じて自然に習得させてあげましょう。

Check

右腕

親指を下、小指を上に向けるよう内側にひねりながらフォロースルーにもっていく

右手は内側にひねりながら、踏み出した足の外側に巻きつけるようにする

フォームをつくるトレーニング（腕のひねりを自然につくるために）

メンコエクササイズ

メンコ遊びは投球動作とよく似ているので、楽しみながらフォームが身につく

▶▶ P.180

バドミントンシャドー

バドミントンのラケットで行うシャドーピッチング

▶▶ P.53

肩やひじの障害を予防するトレーニング

チューブエクササイズ（内旋）

腕を固定した状態で、ひじから先を内側に向けてチューブを引く

▶▶ P.172

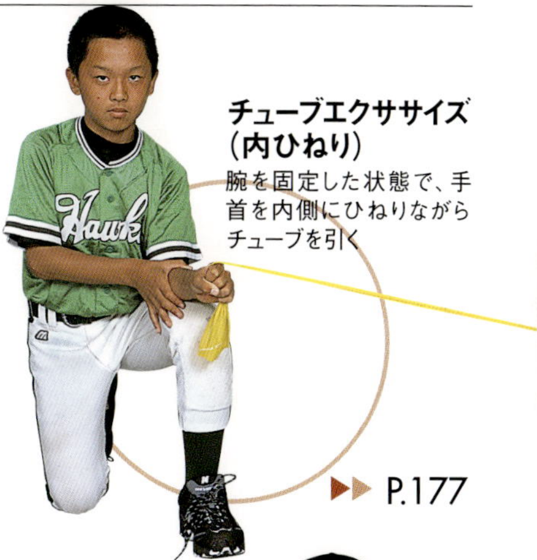

チューブエクササイズ（内ひねり）

腕を固定した状態で、手首を内側にひねりながらチューブを引く

▶▶ P.177

ファンエクササイズ（内外旋）

ひじを伸ばした状態で肩の高さまであおぐ

▶▶ P.182

ファンエクササイズ（手首ひねり）

ひじを固定した状態で、うちわの抵抗を感じながら手首を内側や外側にひねる

▶▶ P.184

point 8 右足の裏が一瞬上に向く

軸足(右足)に乗っていた体重を踏み出した左足に移動させ、腕を最後までしっかり振ります。このときプレート側の足の力をしっかり使っていれば、投げ終わりの「フィニッシュ」では投球動作の反動で、右足の裏が一瞬上を向いてから着地するはずです。

投球は一連の動作です。各ポイントで必要な筋力や柔軟性を養うことも大切ですが、一連の動きを養うエクササイズを通じて、スムーズな動きを身につけることが重要です。

Check

右足の裏

腕を振り終えた反動で、プレートをけった右足の裏が一瞬、真上を向くのが理想的なフォーム

COACHING コーチング「右足の裏が上を向くような感覚をつかもう」

フィニッシュで足の裏が上に向いているかをチェックする。これはしっかり体重移動ができている証拠

右足の裏を一瞬上に向けることで、上半身がよりひねられるようになる

フォームをつくるトレーニング

バウンドキャッチボール

テニスボールを使ったバウンドキャッチボールは、腕を振り下ろす形の練習にもなる

▶▶ P.50

メンコエクササイズ（直線・斜め前）

メンコエクササイズは3種類あるが、基本の「正三角形」から「斜め坂」まで徐々になれていくと、投球フォームが自然に身につく

▶▶ P.180

ハードル

四つんばいになり、片足を上げてハードルを越える形で股関節を回す

▶▶ P.169

ボールはさみ

椅子に座って、ひざのあいだにドッジボールなどを全力ではさむ

▶▶ P.171

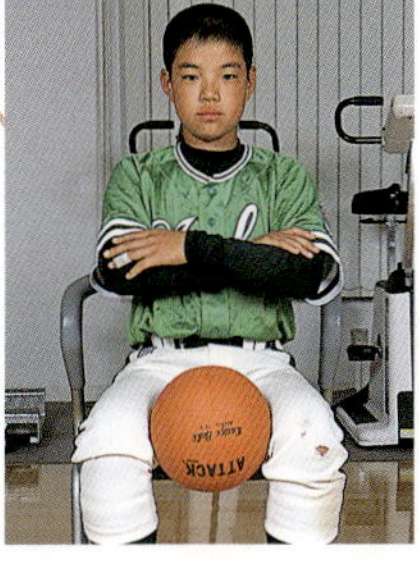

内また運動

椅子に座って、ひざをつけたまま足先を左右に開き、静止する

▶▶ P.171

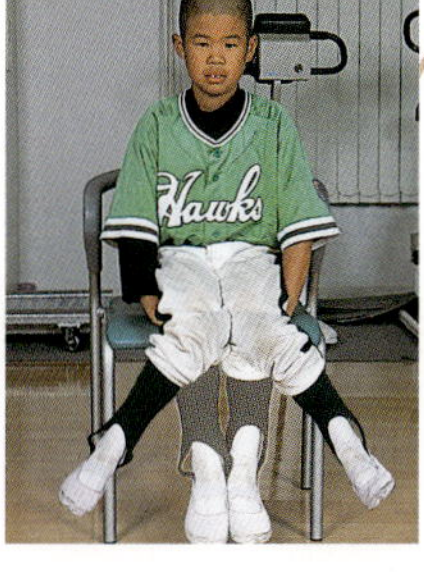

教えて立花さん!!

Q もっと速い球をめざすにはどうしたらいい？

メジャーリーグのピッチャーは、筋力が強いのはもちろん、肩甲骨のまわりの筋肉がやわらかく、動きがなめらかなのが特長です。この年齢からでも、肩甲骨の動きをよくするエクササイズをするといいでしょう。いい選手はみな肩甲骨がよく動くというのも事実です。

内野手のスローイング（横から）

point 1
両腕をコンパクトに内側にひねる

小刻みなフットワークと小さなフォームで投げる

内野手のスローイングは、一見、小手先で投げているように見えるかもしれませんが、実際はピッチングとまったく同じ順序の動きです。ただし捕球などの動作が加わり、しかもすばやく投げることが必要になります。ピッチャーの投球動作を、フィールディングにコンパクトにまとめたのが野手のスローイング、と考えましょう。距離が短いときは、横から投げればさらに動作が速くなります。

内野手でまず大切なのは、打球や送球に向かってすばやくスタートを切ることです。次の動作に移りやすい体勢で打球や送球の正面へ入れれば、すばやくスローイング動作に移れるからです。

正面に入りさえすれば、ボールは放っておいても自分に向かってきます。そこで腕を伸ばして捕りにいくのに比べると、自分の近くで捕球したほうが明らかに早くスローイングに

point 2 左足で踏み出して両腕を外側にひねる

移れるのです。これを自然に身につけさせるために、クィックのキャッチボールでは自分の近くで捕球させるよう指導しましょう。

フォームは左足を投げる方向に踏み出しながら、ピッチャーの投球フォーム同様、まず左右の手を内側にひねります。コンパクトな動作が必要ですが、自然にひねることが大切です。続いて左足に体重移動しながら両手を外側にひねり、ゼロポジションで腕を振ります。そして、フォロースルーでふたたび両手を内側にひねりながらスローイングを終えます。腕のひねりは無意識に行わせたいので、ひねることを意識させるのではなく、投げ終えたときに小指が上を向くよう指導すると効果的です。

教えて立花さん!!

Q 低学年の子供にはどう指導したらいいですか？

小さい子供の場合、手が小さくてボールを正しく握れなかったり、飛んできたボールが怖くて捕球できないことも多いと思います。低学年の選手であれば、最初から硬いボールを使う必要はありません。ゴムボールやテニスボールを使えば、ぶつかっても痛くないはずです。幼い時期に恐怖心を抱かせないように、やわらかいボールを使い、握り方なども自由に楽しませてあげましょう。おもちゃのストラックアウトなどを使ってみるのもいいでしょう。

point 1 両腕を小さく内側にひねる

ピッチャーがバッター方向に左足を踏み出す動作と同じく、両肩を結んだ線が地面と水平になるようにします。からだを投げる方向に対して真横にしながら、両腕を内側に絞り込んで、左足のつま先を投げる方向にまっすぐ踏み出すとコントロールが安定します。

ピッチャーが、軸足（右足）で立った状態からプレートをけりながら左足を踏み出していくのとちがい、内野手は投げる方向に小刻みにステップしながら腕を振ってスローイングします。

両足を結んだ線が、投げる方向と一直線になるようステップする

Check

両足の向き

右足は投げる方向に対して直角、左足のつま先を投げる方向に向けるのが基本

コーチング どんなに小さい動作でも両腕を内側にひねる

ボールを握った
右手の甲を上に
向ける
両手でボールを
しっかりグラブに
収める
ひじから先に動く
よう、投げる方向
に腕を振る

守備になれていない子供に多いのが、捕球の体勢からいきなり腕を肩の上まで持ってきて投げてしまうこと。内―外―内と腕のひねりを使って投げるようにしないと、あっという間に肩やひじを故障してしまう。初心者や腕の振りに悪いくせがついてしまった選手は、メンコエクササイズやバドミントンエクササイズ、バウンドキャッチボールの練習をくり返し行い、正しいフォームをからだで覚えさせるようにしたい。

×

いきなり写真のような構えから投げようとするのは、故障の原因になる

肩やひじの障害を予防するストレッチ

手首ひねり

▶▶ P.126

手首を内側と外側にひねる。バッティングにも効果がある

肩後面伸ばし

肩の背中側を腕で抱えるようにして伸ばす

▶▶ P.125

ひじ裏伸ばし

頭の上でひじの裏をもう片方の手で押して伸ばす

▶▶ P.124

point 2 からだをすばやくコンパクトに使う

内野手のスローイングでも、ピッチャーの投球動作と同様“ゼロポジション”で腕を振るのが基本です。ただし内野手は、外野手に比べ投げる距離が短いので、ピッチャーがからだを垂直に使う割合が高いのに対して、内野手は水平に回す割合が高くなります。近いところに投げる場合、水平にスローイングしたほうが正確になるからです。

ピッチャーと内野手の動作を、前屈運動と水平運動の割合で比べた場合、ピッチャーの6：4に対し野手は4：6くらいになる、とイメージし選手のフォームを見るといいでしょう。

Check

上半身

内野手の上半身の使い方の基本はピッチャーと同じだが、動作の一つひとつをコンパクトにする

コーチング 短い時間でステップしながら投げる

守備のスローイングでは、捕球したら小さなモーションですばやく投げることが重要。そのためには、スローイングを前提に捕球する必要がある。理想は、捕球に入ってからの一連の動作で1歩踏み込んで投げること。これだけでロスを最小限におさえられる。できない子は、からだに力が入っていることが多いので、「肩の力を抜いて」などと声をかけよう。流れるような動きから、腕のしなりを有効に使ってボールに体重を乗せるには、リラックスさせることが大切。

右手でテークバックしながら左足をステップ

すばやく左足で「壁」をつくって体重移動する

小さくてもしっかりとしたフォロースルーで

フォームをつくるトレーニング

バウンドキャッチボール

▶▶ P.50

2人1組になり、ボールをワンバウンドさせるキャッチボール。フォームを身につけるのに役立つ

バドミントンシャドー

▶▶ P.53

バドミントンのラケットを使ったシャドーピッチング。手首のひねり方が覚えやすい

外野手のスローイング（正面）

point 1 返球を急ぐ場合は捕球までの助走を活かして投げる

助走の勢いを活かして強いボールを投げる

外野を守る選手は、ほとんどの場合、内野手に比べ投げる距離が長くなります。

ランナーがいないときのフライは、捕球すればアウトなので、ゆっくり返球してもかまいません。しかし内野の間を抜けてくるヒットや、タッチアップでランナーが進塁しそうな場合は、すばやく鋭い返球が必要になります。捕球するまでの勢いを活かし力強くステップしながら、強いボールを目標に向けて投げる指導が必要です。力強くといっても力まず、助走の勢いを活かすことに集中させて送球できるようにしましょう。ここでも、しっかり両腕を内ー外ー内に自然にひねって投げることが大切です。

ここからは打球の種類や走者の有無、アウトカウントなどによって対応が変わるいくつかの代表的なケースでのポイントを挙げていきます。

まず、ランナーがいないときに内野手のあいだを抜けてくる打球は、ほとんどがシングルヒット。あわてて返球するより、しっかり捕球するようにします。ランナーがいる場合は、できるだけ早く打球に追いつき、捕球したらすぐ内野に返球しなければなりません。

高学年であれば、タッチアップでランナーに進塁されそうなフライの場合、捕球までに余裕があれば、打球の落下点までの助走を使って、捕球後にすばやく強いボールを返せるのがベストです。とはいえ小学生の場合、理想どおりにはいかないのが現実。正しいフォームを身につけ、体格や成長の度合いに見合った指導を心がけるようにしましょう。

教えて立花さん!!

Q 肩を強くしてあげるには、どうしたらいいですか？

大人の野球選手でしたら投げるためにハードな筋力トレーニングが不可欠ですが、小学生の場合、それは避けなければなりません。というのは、子供のからだは成長途中にあるからです。やわらかい骨に筋肉がついている状態なので、ごく軽いトレーニングは骨を適度に刺激して成長を促すものの、ハードなトレーニングは筋肉を収縮させて骨がはく離したり、成長が一時的に止まったりするほか、人によっては関節が変形して、一生治らなくなる場合もあるからです。じっくり鍛えましょう。

point 1 ピッチングに助走をつける

外野手がフライを捕球して、すぐに返球しなければならないケースでは、できるだけ強く、低く内野まで返球しなければなりません。ポイントは、捕球までの助走の勢いを活かすことです。

外野手のスローイングでは、下半身でステップしてはいるものの、上半身はピッチングのフォームとほとんど同じです。ランナーがいる場合は、可能であれば打球に合わせて助走をとるなどして投げるのもいいでしょう。

Check

助走

外野手の場合、ゴロでもフライでも、打球に対して回り込むように捕球体勢に入ると、スローイングしやすくなる

コーチング 打球を捕る前に助走する

捕球まで余裕があると判断したら歩調を合わせて助走する

徐々にスピードを上げながら打球の落下点に向かう

捕球した一連の動作からスローイングに移行する

内野手の守備に俊敏なスローイングが必要なのに対して、外野手の守備には強いスローイングが求められる。フォームとしては、内野手とピッチャーの中間くらいのものを想像して指導するといいだろう。

そのためにもっとも必要なのは、ピッチャーと同じようにしっかりした下半身をつくること。ただしハードなトレーニングは子供たちの成長を妨げるので、本書で紹介するような無理なく、楽しく、ゲーム感覚でできるものが望ましい。

フォームをつくるトレーニング

サイドステップ

▶▶ P.136

サイドステップには前進とバックがあり、太ももの筋力とスムーズな動きが身につき、下半身の強化に役立つ

ラダー

▶▶ P.142

地面の枠のなかに足を出し入れするラダーは、足の俊敏性とこまかいステップができる力を養うのに効果的

投げるための練習

Lesson 1 バウンドキャッチボール

5メートル間隔のラインを目安に、軽いボールを使い2人1組で行うワンバウンドでのキャッチボール。投げる方向に対し直角に軸足をおき、逆足のつま先を投げるほうに向け踏み出しながら、ボールを地面に叩きつける。

着地時に左右の肩が一直線になるのがポイント。ひじを高く上げる感覚が身につく。

足の動き
① 平行線に合わせて立つ
② 反対側の相手に向かって振りかぶる
③ 線上に踏み出し、線上でバウンドさせる

1 両足裏を投げる方向に直角にして構える

2 軸足で立ち、踏み出す足を上げる

3 踏み出す足のつま先を投げる方向に着地

4 股関節を内側にひねりながら投げる

Lesson 2 フットボール投げ

●投げるための練習

キャッチャーになったつもりでジュニア用のアメリカンフットボールを投げる練習。ひじと肩と腕のひねり方が自然に身につく効果がある。いい投げ方をすると、ボールがきれいに回転して遠くへ投げられるようになるので、ゲーム感覚で楽しめる。

1 縫い目にそってボールをつかむ

2 投げる方向に、ひじを先行させる

3 手首を内側にひねってひじを伸ばす

4 最後までしっかり腕を振る

Lesson 3
●投げるための練習

ドッジボール抜き

右耳と右手（左投げは左耳と左手）の間にドッジボールをはさんで投げる形をつくり、ひじの先を投げる方向に突き出しながら腕を振り抜き、ボールを背中側に落とす。ひじを肩より高い位置にするのがポイント。肩の上げ方や、ひじから先の使い方を覚える練習。

右耳の裏と右手でボールをはさむ
ひじを前に出しながら手を離す
手首を内側にひねりつつ腕を振り抜く

コーチング　内野手のスローイング

内野手はからだを水平に回して横から投げる練習をするとよい。ピッチャーや外野手は力強さを重視し、からだを前に倒しながら投げる動きの割合が多いが、内野手は短い距離を正確に投げるために、からだを水平に回しながら投げる動きの割合が多くなるため。

1

右肩を下げた状態で、ボールを右耳と手ではさむ

▶

2

ひじを前に出しながら腕を振りボールを落とす

Lesson 4 バドミントンシャドー

●投げるための練習

短くしたバドミントンのラケットを使うシャドーピッチング。風の抵抗を感じながら、腕を内―外―内とひねる感覚を身につける。

肩や腕に力が入りすぎて腕が外から遠回りする、“アウトイン”のくせを矯正するのに効果がある。屋外なら、遠投するつもりで歩きながら練習する。

腕のひねりができていないと、ラケットのフレームが頭にぶつかってうまく振れなくなるため、自然と腕の運び方が身につく。

歩きながら投げる動作に入る
右足を軸にして左足を上げる
テークバックしながら左足を踏み出す
胸を張ってひじから腕を振る
右手を内側にひねってフィニッシュ

雨の日など、ボールを投げられないようなときに室内などで、簡単にピッチングフォームを身につける練習ができるのも、このエクササイズのメリット

Lesson 5 メンコエクササイズ

●投げるための練習

メンコを使い、遊び感覚で正しく投げるフォームを身につける。からだの使い方は投げる動作そのものなので非常に効果的。

▶▶ P.180

ひじを高く上げて狙いを定める
右手を内側にひねりながら腕を振る
投げる方向に左足を踏み出す

Lesson 6 肩甲骨エクササイズ

●投げるための練習

プロ選手は、肩甲骨まわりの動きがやわらかい。子供のうちからゼロポジションでの運動をこなしてやわらかくしておくと、しなやかな動きができる。

● 準備姿勢 ●
うつ伏せでの運動では、まず頭に手をおいた状態をつくる

痛くない程度に自分の意思で引っ張る

ひじを伸ばした状態でペットボトルを倒さず肩を上下させる

Lesson 7 ファンエクササイズ

●投げるための練習

低学年にうってつけの、負荷の軽いうちわを使ったエクササイズ。風の抵抗を感じながら腕や手首をいろいろな方向に振る。

▶▶ P.182

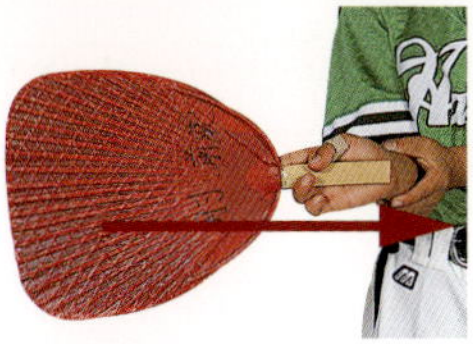

手首を固定して左右にあおぐ“手首曲げ伸ばし”

ひじを固定した状態で左右にあおぐ“外内旋”

ひじを固定して手首を左右に回転させる“手首ひねり”

腕を肩まで上げた状態から振り下ろす“内外旋”

ひじを脇で固定して行う“ひじ曲げ伸ばし”

ひじを脇に固定して外側に引く“外旋”

ひじを脇に固定して内側に引く“内旋”

ひじを高く固定して背中越しに引く“プレス”

チューブを片足で踏んで肩の高さまで引く“斜外転”

ひじを高く固定して手前に引き寄せる“カール”

ひざの上で手首を固定して引く“リストカール”

▶▶ P.172

Lesson 8 チューブエクササイズ

●投げるための練習

チューブを使った肩、ひじ、手首などのエクササイズ。ほかにも数種類ある。低学年は負荷の軽いゴムを使って行う。

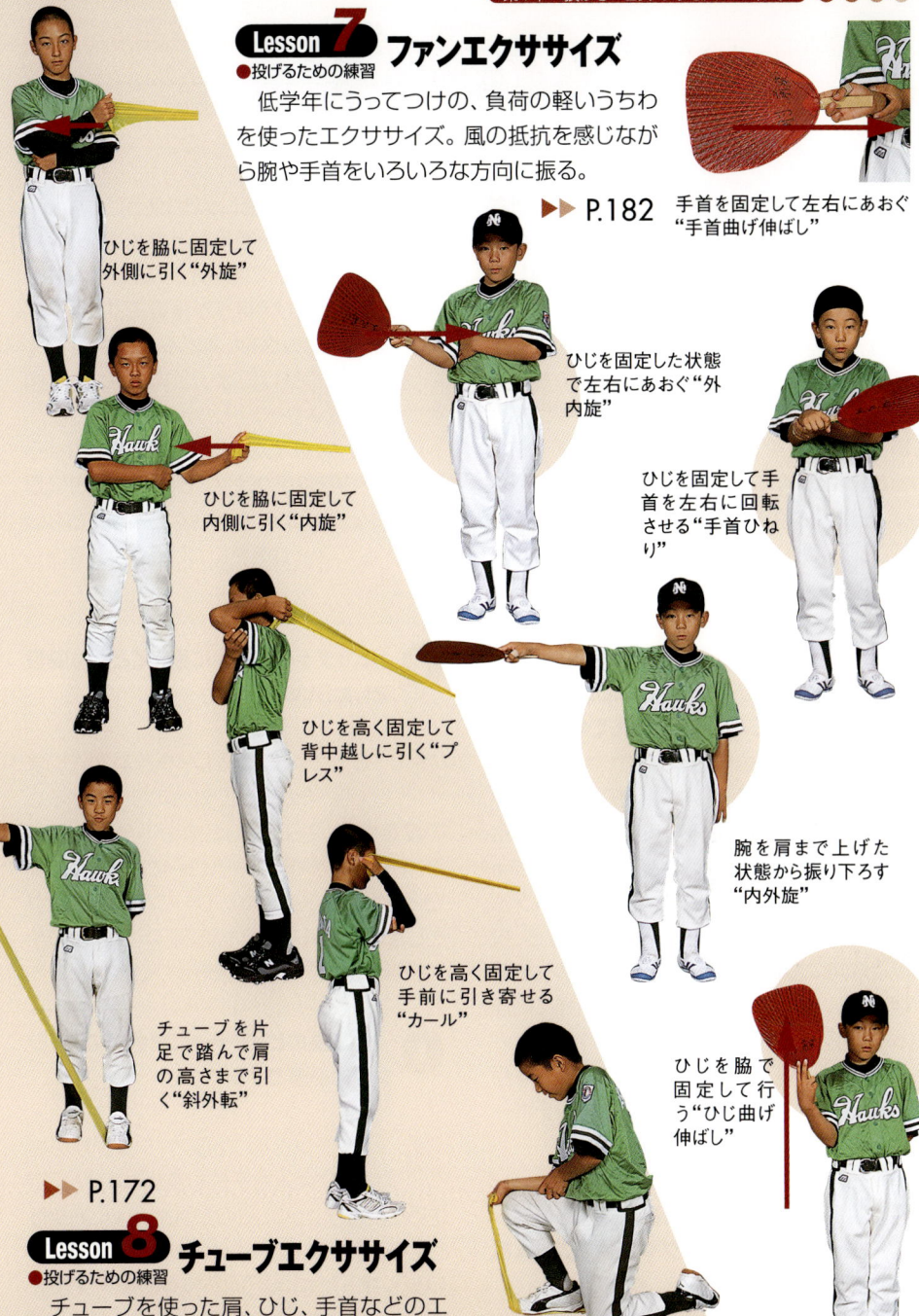

Column 1

ピッチング&スローイング Q&A

Q 小学校に入りたての息子にキャッチボールを教えたいと思っていますが、彼はまったくの初心者です。どんなことに注意したらいいですか

A お子さんが野球の初心者なら、ぜひはじめにメンコ遊びをやってみてください。肩やひじの上手な使い方を、遊びながら覚えられます。すぐにボールを使いたいのであれば、子供には軟式ボールでも重すぎるので、最初はゴムボールでのキャッチボールをおすすめします。

Q 「キャッチボールが大切なんだ」といわれましたが、どんなことに気をつけたらいいのかわからないので、教えてください

A キャッチボールは野球の基本ですから、どんどん相手をしてあげてほしいと思います。まず力の入れ具合ですが、軽いウォーミングアップ程度にとどめるのがキャッチボールです。具体的には、右投げの選手なら、投げる方向に左足を踏み出してフィニッシュで着地しても、左肩を引ききらずにまだ目標に向かって少し残っているくらいです。

それくらい軽く、コントロールを意識しながら1球1球しっかり投げることが、キャッチボールのポイントです。

Q 肩を強くしたり、遠投の距離を伸ばしたりするトレーニングや練習のコツはありますか

A 投げるのにいちばん大切なのはフォームです。全身の筋肉をしっかり使うことも大切ですが、肩関節や股関節などの球関節、肩甲骨などを活躍させて内ー外ー内とひねりながらスムーズに投げるほうが重要です。小学生は筋力トレーニングをしすぎると、関節が硬くなったり成長の妨げになったりするので、筋肉をつけすぎるよりもストレッチをしましょう。

いいフォームでの練習を続けて、高校生くらいになって筋力がつけば、おのずと遠投の距離はグンと伸びます。小学生のうちは焦らないで、正しいフォームを身につけることに専念しましょう。

Q ピッチャーは試合に備えてどんな練習をしたらいいですか

A ランニングとストレッチは必ず行いましょう。そのうえで、試合の3日前は多めの投球練習、2日前は3日前の半分の投球練習、前日はできればノースローにして軽い運動で汗をかき、いい投球のイメージトレーニングをしましょう。くれぐれも週3日以内、1日の全力投球は50球以内、を厳守してください。

Q 小学生のピッチャーに試合後のアイシングは必要ですか

A ピッチングをしたらアイシングが必要なのは、大人も子供も変わりません。できるだけ行うようにしてください。とくに肩やひじに痛みがあれば、すぐに行ったほうがいいでしょう。痛みがないようなら投球直後ではなく、試合後や練習がすべて終わったあとでやってもいいでしょう。

第2章
バッティング
打つ

メジャー流 鋭く振り抜くスイングを身につけよう

野球をはじめてまもない子供のころ、ボールをバットの真芯でとらえたときの快感や、はじめて遠くへ飛ばした日のことを忘れてしまった野球経験者はいないでしょう。アメリカでは最初に、技術よりもそうした楽しさを徹底的に教え込みます。最初から思いきりバットを振って、まともに当たらなくても、当たったときにより強く、より遠くへ飛ばす能力を高めることをめざしています。

野球の醍醐味を味わいながら子供の可能性の芽を育てよう

だれもが好きなバッティングですが、日本の野球では、勝つために作戦上の制約を選手たちに求めるケースが多いのが実情です。しかしプロ野球ならいざ知らず、成長のまっただなかにいる小学生の野球で勝負にこだわりすぎるのは、野球のおもしろさや醍醐味を奪ってしまうことになりかねません。

オリンピックでの活躍で知られるキューバは、人口が日本の10分の1にも満たない国ですが、野球のレベルが高いことはよく知られています。そのキューバの少年野球では、利き目や利き腕がどうであれ、左右の打席で打たせます。おのおのがいいと思う自由なスイングで思いきり振るのです。型にはめずオールラウンドなからだの使い方を覚えさせ、どちらの打席に向いているかの適性や能力、可能性の芽を育てるためです。

思いきりスイングするのがメジャー流バッティング

キューバでは、フリーバッティングも日本とはちがっています。おのおの好きなスイングで、どんなに空振りしようと思いきりバットを振るのです。そうした練習をくり返すことで、まったくバットにボールを当てられなかった子供たちが、20球に1球、10球に1球、5球に1球と、当たるようになってきます。

思いきりバットを振って鋭い打球を飛ばす、…彼らは現在よりも将来を見すえて“大きな選手”を育てようとしているのです。アメリカの野球ももちろん、キューバのように思いきりバットを振ります。日本の少年野球も、ぜひそうあってほしいものです。

低学年や初心者には、軽いボールとカラーバットなどで、当たって飛ぶ気持ちよさを実感させよう

基本の練習

素振り
トスバッティング
ティバッティング
フリーバッティング
ペッパー
ロングティバッティング

バッティングの感覚を身につけるには

●フリスビー投げ …… →P.68
●ソフトボール打ち …… →P.69
●シャトルコックバッティング …… →P.70
●ジュニアバッティングマシン …… →P.71
●チューブエクササイズ …… →P.172
●目のエクササイズ …… →P.185

バッティングフォーム（右打者）

point 1
前足を踏み出しながら両腕を引き寄せる

軽めのバットを選んで思いきりよく振る

バッティングは、下半身でためた力を上半身に伝え、肩、ひじ、腕、手、そしてバットの順に伝えながら回転する動作です。つまり、からだの使い方はピッチングと同じなのです。ただし、まったく違うことが一つ。ピッチングは自分のタイミングでできるのに対し、バッティングはピッチャーのタイミングに合わせるという点です。そこにバッティングの難しさやおもしろさがあるともいえるでしょう。

バッティングで最初に行うのは、バッターボックスに入ってスタンスと構えの角度を決めることです。まずホームベースの外側をとおるボールにバットが届く位置で、両足を平行にしてまっすぐ立ちます。両足は肩幅くらいを目安に開き、狭すぎると不安定でバットをしっかり振れず、広すぎると回転しにくくなり、うまくバットが振れません。また、構えたときの踏み出す足（右バッターなら左足）は、三塁

point 2 ボールの内側を見ながらミートする

側に開いても、一塁側にかぶせるようにしても、バッターボックスから足がはみ出さなければかまいません。スタンスの「幅」や構える「角度」はあくまで目安なので、自分で考えながら、もっとも打ちやすい構え方を練習や実戦でつかむことが大切です。

構えが決まったら、ピッチャーの投球にタイミングを合わせてバットを振ります。バッティングにもポイントがありますが、まずは選手なりのスイングで、思いきり振らせてみましょう。バントなどでのこまかい技術は、中高生になってから身につければいいのです。この時期もっとも磨かれる感覚を伸ばしてあげるほうが、将来的に役立ちます。

教えて立花さん!!

Q バッターボックスで緊張させないためには？

「三振したらどうしよう」などの不安が強いのではないでしょうか。メジャーの選手は、常にポジティブに考えることでこれを克服しています。打席ではあれこれ考えず“ボールをよく見て思いきりバットを振る”という原点に立たせることです。これには低学年の時期に楽しく練習することが大切。あこがれの選手のマネや、新聞紙とプラスチックバットでの練習、ドッジボール打ちからはじめ、上達したらソフトボール、ゴルフの練習ボール（プラスチック製）と徐々にボールを小さくして自信をつけさせましょう。

バッティングフォーム（左打者）

point 2
ボールの内側を見ながら
ミートする

利き目や利き腕にこだわらず
左右の打席で打ってみる

人はかならず左右どちらかの目を中心にものを見ていて、利き目はその軸となるほうの目のことです。

利き目を知るには、顔の前に指を立てて背景に焦点を合わせ、両目で見たときとどちらか片方の目で見たときとで見分けます。片方の目をつぶって見て、指の位置がずれて見えなければそれが利き目です。

バッティングでは、利き目がピッチャーに近いバッターボックス（左目が利き目なら右バッターボックス）に立ったほうが、ボールが見やすくなるため有利ですが、利き腕がどちらかによっても微妙に感覚がちがってきます。また、本来左利きでも、しつけなどで箸やペンを持つのを右手に習慣づけられるケースもあります。左右どちらのバッターボックスに立ったほうが打ちやすいかは、実際にバットを振ってみなければわからないケースが

point 1 前足を踏み出しながら両腕を引き寄せる

多いはずです。

少年野球では可能性をさぐる意味で、左右の打席で打たせてみるべきです。アメリカやキューバでは、イニングごとに打席を替えます。これには左右バランスよくからだをつくり、神経系を発達させるメリットがあるのです。

左バッターも基本は右バッターと同じですが、“走りながら打つ”左バッターならではの打ち方もあります。しかし、小学生の段階から、“走りながら打つ”ような打率中心のアベレージヒッターをめざすことは、自ら野球の醍醐味や可能性をなくしてしまうことになります。鋭い打球、長打をめざして、しっかり振りきるよう指導しましょう。

教えて立花さん!!

Q なかなか打てない選手にはどんな指導をすればよいのでしょうか？

打てないからといって、子供のころからバントや当てにいくバッティングを教えるべきではありません。打てないことで自信をなくし、スイングの思いきりもなくなってきているはずです。練習でいい当たりが出たらスイングをほめて、いいイメージを残してあげましょう。

無理にヒットを打てるようにするのではなく、気持ちよく振らせて、当たったときに鋭い打球が出たほうが野球の楽しさを実感できますし、将来にもつながるのです。

point 1 グリップを引き前足を踏み出す

バッティングでもっとも大切なのはタイミングです。そのポイントとなるのが、構えた位置からグリップを引き、前の足を踏み出す「トップ」をどこに合わせるかです。ピッチャーの球速やモーションによって多少ちがうものの、ピッチャーのボールを握った手が一番遠くに行ったときに、バッターもトップに持ってくるとタイミングを合わせやすくなります。

この形を“足はピッチャー手はキャッチャー”と呼んでいます。

Check
トップの位置

「トップ」とは、バットを握った腕をからだに巻きつけるようにしてから振り出すまでの、折り返し地点のこと。ピッチャーでいえば、腕を引いて投げる体勢に移る瞬間を指す

Check
からだの軸

構えた状態から腕をからだに巻きつけるように引きながら、からだの軸をキャッチャー寄りに少し移動し、トップの形に持っていく

Check
目の高さ

意識して構えたときと踏み込んだときとの目の高さの差が20cmを超えないようにするか、踏み込みの幅でこれを意識するか、やりやすいほうを目安にしよう

Check
左足の位置

上半身でバットを引いて、トップの形をつくると同時に、左足をピッチャー方向に踏み出し、体重移動しながらバットを振りにいく

COACHING コーチング 回転しながらからだの軸を移動させる

上から見ると、からだの軸がもっともキャッチャー寄りにあることがわかる

トップの位置では、軸を中心に両腕がキャッチャー寄り、左足がピッチャー寄りに開く

両腕でバットをからだに巻きつけるように引きながらテークバックし、からだの軸をキャッチャー側に移動していく。軸がもっともキャッチャー寄りになったこの地点がテークバックの終点で、ここから折り返す。
右の写真がテークバックしながら左足をすばやく踏み出してトップの形をつくったところ。いってみれば力をためきった折り返し地点で、ここからバットを振りにいく。手や腕が力みすぎないようにするのがポイント。
うまくできない子は、腕や手に力が入りすぎて、スイングの軸が安定しないことが多い。からだの軸を中心にリラックスしてスイングすれば、長打が打てるようになることを教えてあげよう。

フォームをつくるトレーニング

ソフトボール打ち

▶▶ P.69

小学校低学年や初心者は大きいソフトボールを使って、バットに当てる楽しさから覚える

シャトルコックバッティング

▶▶ P.70

バドミントンの羽根を使ったバッティング練習。楽しみながらできる

point 2　グリップエンドをぶつけるように振る

バッティングには、構えるセットアップ、ボールを呼び込むテークバック、折り返し地点のトップ、バットを振り出すアプローチ、ボールをとらえるインパクト、ボールを運ぶフォロースルー、最後まで振りきるフィニッシュ、といったポイントがあります。トップでのタイミングの取り方がもっとも大切ですが、次に大切なのは、アプローチで振り出すときバットのヘッドから振ろうとせず、グリップエンドからピッチャーにぶつけるように振ることです。

Check
アプローチ

バットを振りにいくアプローチでは、わき腹を締めながら、グリップエンドから先に出す感覚で振る

Check
スイング

球を迎えにいくとひじや手首に負担がかかるので、ボールを引きつけて軽めのバットで鋭く振り抜くといい

COACHING コーチング　左の脇腹を締めながら振る

左手のひじ、グリップエンド、バットのヘッドの順に振る感覚で

バットがボールに当たるまで、ボールから顔や目線を外さない

あごを引き左脇腹を締めてグリップエンドから先に振り出すと、ドアを開けるような形のケガをしやすい振り方“ドアスイング”にならない。
ボールの内側を見ながらミートしたら、最後までしっかり振り抜くようにすると、打球に強さが加わり、飛距離も伸びる。

バッティングではボールがぶつかる、手の皮がむける以外のケガは少ないもの。しかし、腕を伸ばして振るドアスイングをしてしまうと、手首を傷めやすく、ボールも飛ばない。ひじが伸びきらないように、あごを引き左脇を締めたスイングを指導してあげよう。

フォームをつくるトレーニング

フリスビー投げ

▶▶ P.68

バッターボックスに立った状態からフリスビーを投げると、腰の回転で打つ感覚がつかみやすい

腕を固定し、ひじから先を外側に向けてチューブを引く

▶▶ P.172

チューブエクササイズ（外旋）

ファンエクササイズ（内外旋）

ひじを伸ばした状態で、肩の高さまであおぐ

▶▶ P.182

チューブエクササイズ（外ひねり）

手首をひざの上に固定して、負荷をかけながら前腕を外側にひねる

▶▶ P.176

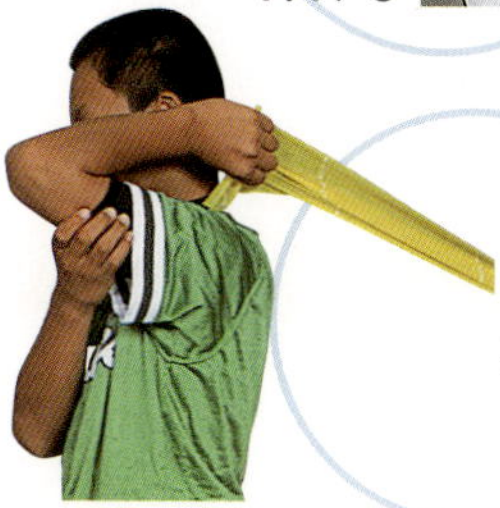

チューブエクササイズ（プレス）

チューブを背負うように立ち、ひじを固定して腕を伸ばす

▶▶ P.174

打つための練習

Lesson 1 フリスビー投げ

フリスビーを投げる動作は、からだに軸をつくって、投げる方向に左足を踏み出しながら回転させるバッティングの動作とほとんど同じ。すばやい回転で遠くへ飛ばせれば、それだけバッティングの向上にも役立つ。まっすぐにセンター返し、からだの回転を使ってレフトとライトに打ち分け、ができるよう方向を決めるなど、遊び感覚でやってみよう。

左手でフリスビーを持ち、バッティングと同様、からだに巻きつけるように引く ▶ 左足を踏み出し、左のひじ、手首の順にピッチャー方向にぶつけるように腕を振る ▶ 最後までからだの軸を崩さず、しっかりからだを回転させながら腕を振って投げる

Lesson 2 ソフトボール打ち

●打つための練習

　低学年の選手や野球の初心者がいきなり公式球でバッティング練習をしても、バットにボールを当てられない場合がある。そんなときは、ひと回り大きくて当てやすいソフトボールを使ったバッティング練習で、まず打つ楽しさを覚える。

基本はからだに合ったバットを使うが、なければ軽めのものを短く握る

ボールをよく見ることに集中し、公式球を打つときと同じように振る

バットに当てる感覚や、バットの芯でとらえる気持ちよさをからだで覚える

Lesson 3

シャトルコックバッティング

●打つための練習

グラウンド以外の狭い場所でもできる、バドミントンの羽根を使った練習。トスバッティングと同じ要領で、投げた羽根を打つ。なれてきたら、色ちがい（マジックで塗り分けるなど）の羽根を3～5つ同時に投げて、指導者が指示した色を狙って打つようにする。

複数の羽根を同時に投げるには、指導者の技術も必要。3色なら3本の指、5色なら5本の指をそれぞれ羽根の頭のあいだに入れて投げるとうまくいく

判断力と反射神経を養う、遊び感覚のバッティング練習。最初は羽根を1つ投げ、慣れてきたところで、羽根の数を増やしていき、同時に3～5色を投げながら指導者が何色を打つかを指示する。1度の打席で何回打つかを決め、最後の打席では、打ったら一塁方向に走るようにする

Lesson 4 ジュニアバッティングマシン

●打つための練習

ジュニアバッティングマシンを使った、ウレタン製のボールを打つ遊び感覚のバッティング練習。同じウレタン製の軽いバットで打つ練習もできるので、狭い場所でもできる。玩具として売られているものでも、楽しみながら打つ感覚が身につけられる。

玩具として市販されているものは電池による電動式が主流だが、ウレタン製などの軽いボールだけを使って、打つ側とトスする側の2人1組で練習するのもよい

Lesson 5 ペットボトルエクササイズ

●打つための練習

バッティングでは足腰の強さが重要だが、そのほかには肩やひじ、手首の強さややわらかさがポイントになる。ペットボトルを使って、日ごろからこまめにトレーニングするといい。

低学年が行う場合は、負担がかかりすぎないよう中に入れる水の量を調整しよう。

ワイパー

片ひざを立てたままひじから先を固定し、ペットボトルを左右に振る

エクステンション

ひざの上で手首を固定し、手のひらを下にしてペットボトルをつかみ、上下に振る

とう屈

立った状態で手首を固定し、ペットボトルの上をつかんで上下に振る

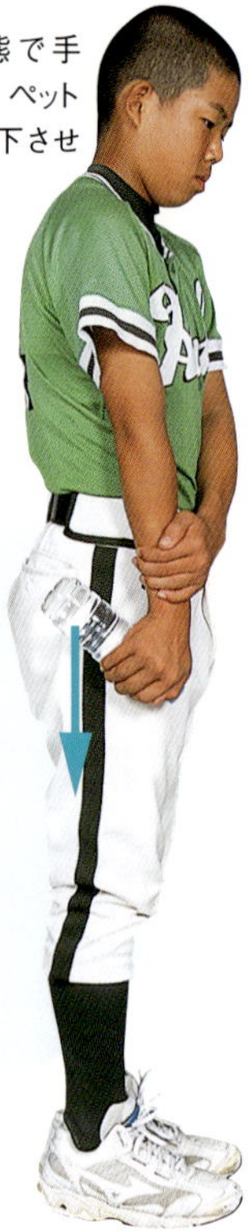

尺屈

立った状態で手首を固定し、ペットボトルを上下させる

リストカール

ひざの上で手首を固定し、手のひらを上にしてペットボトルをつかみ、上下に振る

Lesson 6 目のエクササイズ

●打つための練習

野球に限らずスポーツでは、目で得た情報を手足などのからだの部位に伝えてスムーズに動かす能力が求められる。その精度が高くスピードがあればあるほど、いいプレーが期待できる。

野球では、目の機能はバッティングに直接影響してくるので、その機能を高めるトレーニングは日常的に行いたい。

眼球運動にはいくつもの種類があるが、目的は周辺視野を広げたり、動体視力を高めたりすること。子供のころにその能力を伸ばしておくのが望ましい。

文字や数字をランダムに書いた表に近づいて顔を固定し、目の動きだけで、左上から右下など斜めに文字や数字を追う練習。目の動きが活発になる

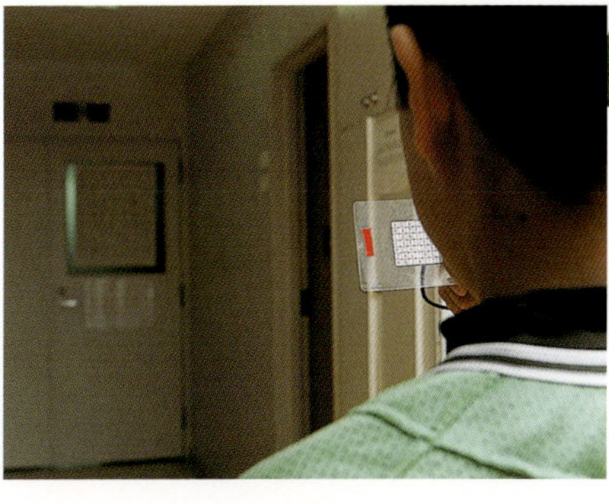

文字や数字を同じように並べた大小のボードを使い、目の柔軟性を高める。大きいボードを奥におき、左上の文字を見たらすぐ手に持った小さなボードの左上の文字を見るなど、いわばレンズの焦点距離を瞬時に変える練習

Column 2

Q&A バッティング

Q　小学生の子供から「バッティングを教えて」とせがまれました。どういう教え方をしたらいいでしょうか

A　簡単なのは、お子さんが憧れている選手をマネさせることです。プロ野球選手のフォームには個性的なものも基本に忠実なものもありますが、ベースは理にかなっています。そこに自分なりの工夫、たとえば“たくさんヒットを打つ”“長距離ヒッターをめざす”といった目的のために個性を加えているのです。こうしたフォームをマネしていれば、いずれそれが学ぶことに変わっていきます。

Q　小学生には、どんなバットを買い与えたらいいでしょうか

A　バットに限らず、小学生とくに低学年の用具は意外な落とし穴で、軽視されることが多いようです。ボールは仕方ないにしても、バットはできるだけ軽いものにすべきです。空振りの回数を減らすことよりも、10球に1球でもいいから、しっかり振ってバットの芯でボールをとらえる楽しさを覚えられるようにしましょう。

筋力トレーニングになるだろうなどという理由で重いバットを持たせても、この時期の子供にはほとんど効果はなく、むしろ神経系の発達を妨げることが多いと思います。

Q　バッティングで飛距離を伸ばすにはどうしたらいいですか

A　トレーニングで鍛える必要がありますが、全身の筋力をバランスよく使うのが基本です。とくに下半身、股関節、腹筋、肩甲骨まわり、インナーマッスル(外から見えない内側の筋肉)、三頭筋、握力などです。ただし、小学生は骨の成長期なので、過度なトレーニングをやっても筋肉への効果は望めません。むしろ成長を妨げる危険があるので、筋トレはほどほどにしておいて、フォームをしっかりつくることのほうが大切です。好きな選手のフォームをマネてみるのも一つの方法ですが、基本はボールをとらえる瞬間、からだの軸が前後にぶれないように回転させながら打つことです。

Q　右バッターですが、打つときにどうしても左足が外に開いてしまいます。どうすれば開かないようになるでしょうか

A　バッティングの基本は、バットの芯にボールを当てて強い打球を返すことですが、開いてしまうというのは、フォームが窮屈になっているのかもしれません。

バッティング練習で、ボールの内側を見ながらセンター方向に強く打ち返す練習を心がけていれば、このくせは出にくくなります。

Q　コーチから「レベルスイングをしろ」といわれますが、イチロー選手はアッパースイングなのに打てます。どうしてですか

A　ダウンスイング、レベルスイング、アッパースイングのどれがベストかではなく、高めのボールにはややダウンスイング、低めはややアッパースイングになります。しかし、基本はレベルスイングと考えましょう。

第3章
フィールディング

守る

メジャー流 大胆で確実な守備を身につけよう

フィールディングでは、しっかり捕球して目標まで正確にスローイングすることが大切です。内野手なら強い打球やゴロ、外野手なら大飛球など、さまざまな打球を処理しなければなりませんが、効果的なトレーニングや守備練習を積めば、どんどんうまくなります。

メジャーの選手たちのようにポジティブに考えて、「飛んでこい」という気持ちで守備につけるよう指導しましょう。

すばやい身のこなしと俊敏性が特長の内野手

ファースト、セカンド、サード、ショートのほか、内野の守備にはピッチャーやキャッチャーも含まれます。守備位置によって打球の強さなどにちがいはありますが、内野である限りは、すばやく移動して捕球しクイックモーションで送球する俊敏性が求められます。

打球に対してすばやいスタートを切るには、バッターの動きに神経を集中させせなければなりません。そうすることで打球の方向がいち早くわかるようになるからです。

目で得たバッターの情報をすばやい守備の動きにつなげるためにも、いつでも動ける構えを指導しましょう。また、ポジションのとり方なども注意して見ておくと、意外な才能を発見できるかもしれません。

広い範囲をこなす走力と的確な判断力が際立つ外野手

外野手にはレフト、センター、ライトという守備位置があります。守る範囲が広いので、長い距離をすばやく移動する走力や、肩の強さが求められるポジションです。

内野手と同様、外野手にとっても打球に対してすばやくスタートを切ることが大切ですが、最初に打球の判断をまちがってしまうと長打になるおそれがあります。スタートの早さの前に、打球の方向や強さを正確にとらえることに集中できるよう指導しましょう。

ピッチャーの投球動作やバッターの動きをよく見て、飛んできた打球の強弱や飛距離を的確に判断しスタートできるのがベストです。これに重要な落ちつきをもたらす、俊敏性を鍛えましょう。

ミスの少ない守備を身につけるには

- ミラー →P.138
- リアクションコーチ →P.141
- ラダー →P.142
- 前転ダッシュ →P.147
- ドロップボール →P.148
- バランスビームエクササイズ　セルフトス →P.158
- 矢印エクササイズ →P.163
- 床エクササイズ（反復横跳び） →P.184

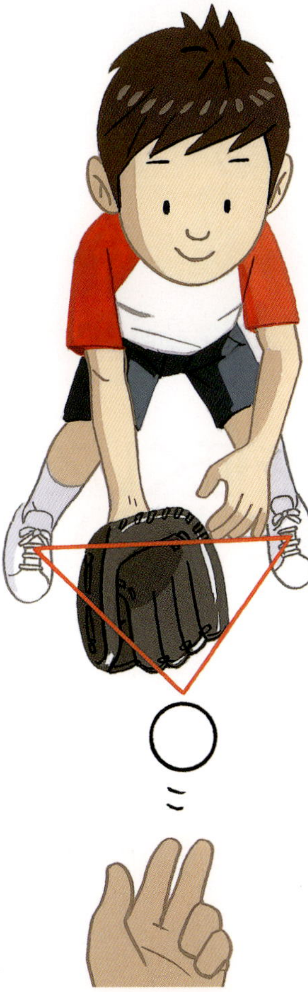

基本の練習

ノック

シートノック

ゲームノック

低学年や初心者には、ゆっくり転がしたボールをからだの正面で捕らせるなど、できることのくり返しで自信をつけさせよう

内野手の守備（正面のゴロ）

point 1 ひざを少し曲げてリラックスした状態で構える

目線と構えを低くして左足の内側ですくい上げる

内野手は、速い打球にすばやく対応するために、もっともスタートしやすい姿勢で構えることが大切です。構え方の基本は、肩幅くらいに足を開き、ひざを曲げた状態で立つこと。軽くジャンプし着地したときの状態で、リラックスして前傾姿勢で待ちます。

投球を待つあいだ、じっとしていると動きが硬くなりやすいので、自分なりに、リズムを刻むよう足踏みするのもいいでしょう。

打球が飛んできたら、小刻みなフットワークで打球の方向にすばやくスタートを切ります。バタバタと走る“バタ足”で打球を追いかけると目線がぐらつき、エラーの原因にもなります。すばやいスタートといっても、打球を見極めてからでなければ、予測がはずれたときには対処できません。

ゴロの場合は腰を落とし、両足の前でグラブを下からすくい上げるように両手で捕るの

point 2 コンパクトでもしっかりしたモーションで送球する

が基本ですが、足の位置を少し前後させるようにして斜めに構えると、打球が見やすく、捕りやすくなります。

内野手の守備は、スタートからスローイングまでを流れるように行うのが理想です。打球の強さ、方向などをすばやく把握して、余裕があれば、常に次の動作につながるように捕球することも大切です。高学年であればノック練習を積み重ねて、構えた状態から捕球・送球するまでの一連の動作をくり返し練習すべきです。低学年の選手であれば、ダブルプレーや小手先の技術より、「まずはホームに近いランナーをアウトにする」などの原理をやさしく教えてあげましょう。

教えて立花さん!!

Q よくエラーをする子にはどう教えればよいでしょうか？

低学年の子供によく見られるのが、グラブを前に構えたままボールを捕りにいってエラーするケースです。これは守備に苦手意識があり、腕に力が入りすぎている選手に多いようです。待球姿勢でリラックスして、まずはボールの来る方向に移動、捕球の瞬間グラブをサッと出すよう指導してあげましょう。

エラーするたびに怒鳴ったりすると、苦手意識に拍車をかけてしまいます。守備の苦手な子供にこそ、うまく捕れたときに「ナイスキャッチ」のひと言を忘れないようにしましょう。

内野手の守備（右のゴロ）

打球の方向を瞬時に見極めて右側から回り込み、打球の正面に入れるようなら、できるだけ正面で捕球します。そのほうがしっかり捕球できるうえ、打球を弾いても走者をアウトにできる確率が高くなるからです。

腰を落とし、捕球して、余裕があるときはステップしながらしっかり送球するよう心がけます。

正面で捕れない右側のゴロは逆シングルで捕る

●右のゴロを捕る●

からだの右側に来たゴロで、正面に回り込めない打球は、逆シングル（右利きなら右側のシングルハンド）で捕ります。ただし、捕球後に投げる体勢をしっかりつくれないため、送球がむずかしくなります。

また送球する距離が長いときは、無理せずワンバウンドでも正確に投げられるようにしましょう。

内野手の守備（左のゴロ）

左側のゴロに対しても、余裕があるときは、後ろから回り込みながら、できるだけ正面で捕球します。さらに余裕があるときは、バウンドに合わせて打球が落下してくる位置で捕るのがコツです。

送球する方向が左なら、捕球から送球までが同じ方向なので、リズミカルにこなせば正確さが増します。

正面で捕れない左側のゴロはシングルハンドで捕る

● 左のゴロを捕る ●

からだの左側のゴロでも、打球が速ければシングルハンドで捕球せざるを得ません。その場合でも、小刻みなフットワークで捕球から送球までをスムーズにこなすようにします。

送球の距離が短ければ、ボールを手渡しするようなイメージでフォロースルーの形をつくると送球が安定します。

point 1 ひざを軽く曲げ内またを絞る

守備の姿勢で最初に気をつけたいのは、ひざを伸ばしきった状態で立たないこと。次の運動にすばやく移るには、ひざを少し曲げて“遊び”を持たせるのがポイントです。

意識を内またにおいて少し内側に絞るように構えると打球に反応しやすく、すばやいスタートが切れます。スッと立った状態から、ピッチャーの投球動作に合わせて、少しずつ腰を落として構えるようにすると、スタートを切るタイミングがうまく計れるでしょう。

Check

両腕

投球前は楽にしておいて、ピッチャーの動作に合わせて徐々にひじを曲げていく。投球の直前には90度くらいまで曲げて、打球に備える

反応をよくするトレーニング

反復横跳び

▶▶ P.184

横へのすり足の動きがすばやくなるように、内ももを鍛える

リアクションコーチ

▶▶ P.141

指導者の指示に神経を集中して、目で得た情報をからだに伝える練習を積む

point 2 腰を落として下からすくう

　打球に追いついたら、できるだけ正面で両足の前で捕球します。グラブにおさまったボールを右手でおさえ込むようにすると、打球をグラブからこぼすことが少なくなり、送球の際の右手の動作もスムーズにできます。ポイントは両足がそろわないようにすること。そろってしまうと動きにくくなるからです。

　また、打球は真上から見るのではなく、少し斜めから見るように意識すると、バウンドが見やすくなります。

すばやく構えるトレーニング

ミラー ▶▶ P.138

一方の選手が手足を動かしながらゆったり反復横跳びし、もう一方の選手がそれをマネる

ドロップボール ▶▶ P.148

後ろ向きの体勢から振り向いて、コーチが落とすボールをワンバウンドで捕る

Check

両足

打球を追うときは、できるだけ小刻みなステップを使うと、打球を追う目線がぶれることが少なくなる。また両足がそろって動きが止まることもなくなる

外野手の守備（正面のフライ）

point 1 フライの方向と角度をしっかり見極める

point 2 斜めに構えて両手でしっかり捕球する

ボールの下っ面を見ながら追いかけて、落下点に入る

外野手は広い範囲の打球をさばかなければならないポジション。その守備範囲をカバーするためにも、3人の外野手の連係プレーが欠かせません。外野手のあいだに飛んだ打球を追う際に、外野手同士が衝突してケガをしないために、日ごろからお互いに声をかけ合うよう習慣づけておくことが大切です。

また打球の目測を誤ると、長打になる危険性が高いので、しっかりした判断力が必要になってきます。補殺したり、ランナーをタッチアウトにしたりするためにも、確実な返球を心がけるよう指導しましょう。

構え方は、すばやいスタートが切れるよう、ひざを少し曲げて前傾姿勢をとります。内野のような強烈な打球は来ないので、目の位置がぶれないよう、しっかりしたストライド（歩幅）で走りながら打球を追いましょう。

捕球は、ボールの下っ面を見ながら落下点

踏み出し足を投げる方向にまっすぐ向けて、強く低いボールを投げる

に入るとボールが見やすくなります。打球を追うときはボールから目を離さないのが基本ですが、追いつけそうもない打球に対しては、一度ボールから目を離し、走るスピードを優先すると、追いつきやすくなります。

ゴロを捕るときは、打球の方向に回り込むことでスムーズにさばけます。バックホームの必要があるときは、すばやく打球に追いつくようにして、強く低い送球で内野の中継の選手までしっかり返球します。小学生に多いのが、ボールが外野を抜け、そのまま失点につながり負けてしまうケースです。これを防ぐためにも、バックホーム時の中継を2〜3人決めておくなどの対策はしておきましょう。

教えて立花さん!!

Q エラーを減らしてあげるにはどうしたらいい？

守備練習を積めばエラーは確実に減りますが、心理的なものが原因の場合は指導者の心がけが重要です。日本ではエラーしたときに「今度はエラーするなよ」と声をかける指導者が多いのですが、アメリカでは「今度はこうやったら捕れるんじゃないか」と前向きな指導をすることが多いんです。

「エラーするなよ」とだけ言われたのでは、“ミスしてはいけない”と萎縮してしまいます。どうしたらいいかを具体的に教えながら、ポジティブなイメージの言葉をかけてあげましょう。

外野手の守備（左右のフライ）

フライの落下点に近づいてから グラブを出して捕球する

打球を見極めたら、右側の打球なら左足、左側の打球なら右足で地面をけってスタートを切る

外野手が打球を追うときは、右側の打球は左足の内側、左側の打球は右足の内側で地面をけってスタートを切るのが基本。親指の付け根で地面をけるように意識しましょう。

フライを追うときは、できるだけ目線がぶれないように走り、落下点に近づいてから捕球体勢に入ります。はじめから捕球の形で構えていては、走りにくくなるからです。

捕球するまでに余裕がある場合は、落下点に回り込むようにすると捕りやすくなります。

外野手の守備（後ろのフライ）

後方のフライを追うときも目を切らないのが基本

斜めに構えた状態で打球を見極めたら、前の足の親指の付け根付近で地面をけるように意識して後方にスタートを切る

外野手にとって、頭上を越すフライほど捕りにくい打球はありません。まして真後ろに伸びてくる打球は、その角度や強さがわかりにくく、目測を誤りやすいものですが、ここが腕の見せどころです。後方のフライでも打球から目を切らず（離さず）に追うのが基本ですが、追いつけそうもないときは、目を切って走るほうが打球に追いつく可能性が高まります。この瞬時の判断力は、ふだんの練習で養うようにしましょう。

point 1 リラックスして両ひざを軽く曲げる

外野手の構えも、内野手とほぼ同じです。両ひざを軽く曲げて立ちますが、内野のような強い打球は来ないので、どの方向へでもスタートが切れるようリラックスが必要です。

下半身でもっとも注意することは、両ひざを外側に開く“がにまた”にならないこと。ひざが開いた状態では、すばやいスタートが切れません。ポイントは両内またに体重を乗せる意識を持つことです。“がにまた”に比べ、はるかにスタートが切りやすくなります。

反応を早くするトレーニング

ミラー ▶▶ P.138

一方の選手が両手を動かしながらゆったり反復横跳びなどをし、もう一方がそれをマネる

Check

スタンス

両足を開く目安は肩幅くらい。左右の足の内側と親指のあたりに重心をかけて立ち、スタートでは親指で地面をしっかりけるようにする

point 2 斜めに構え、両手で捕る

フライを捕球するときは、グラブをはめたほうの手を前に持ってくるように、からだを少し斜めにして捕球します。打球に正対すると動きが制限され、目測を誤ったときなどに対応しにくくなるばかりか、次の送球動作にすばやく移れないからです。

また捕球の際は、ひざやひじが伸びきってしまうとグラブが目から遠くなり、落球しやすくなります。ひざをクッションのように使い胸のあたりでやわらかく捕球しましょう。

Check

両手

余裕をもって捕れる打球は、落下点の手前から走り込む。そしてからだを打球の方向に対して少し斜めにしながら、しっかり両手で捕る

キャッチングのトレーニング

バランスビームエクササイズ（セルフトス）

▶▶ P.158

ボールトスとキャッチングをくり返しながらバランスビームでウォーキングする

守備のための練習

▶▶ P.148

Lesson 1 ドロップボール

選手は背中を向けた状態で待ち、かけ声とともに振り返ってコーチの落としたボールをワンバウンドでキャッチングするトレーニング。振り返りながら目でとらえた情報をからだにすばやく伝え、それを行動に移す俊敏性が養われる。

コーチは選手の能力に応じて、ボールを手放すタイミングや高さを調整する

Lesson 2 リアクションコーチ

▶▶ P.141
●守備のための練習

胸の前で握りこぶしを両手につくった選手たちが、コーチの指示に従って上半身を右、右下、上、左、左下へと瞬時にひねる運動。コーチの動きをしっかり見る集中力と、上半身の敏捷性を養うトレーニング。リズミカルに遊び感覚で楽しみながらやる。

肩幅よりやや広めのスタンスで立ち、両腕のひじを肩の高さまで上げる

コーチは手で、右、右下、上、左、左下をランダムにリズミカルに示していく

Lesson 3 ミラー

▶▶ P.138

●守備のための練習

2人1組で、1人の選手が左右にステップしながら動きまわり、もう1人の選手がそれをマネていくトレーニング。マネするほうは観察力や集中力、俊敏性を養うことができる。

ぎりぎりついて来られるスピードで行うと効果的。

2人が向かい合って行うミラー。サイドステップの幅はせいぜい2歩程度

後ろの選手が前の選手のマネをするミラー。同じ方向を向いて行う

1人の選手が自由に動き、もう一方の選手がそれについていく

向かい合って行う反復横跳びを取り入れたミラー。ハードだがゲーム感覚でやると楽しい

Lesson 4 ラダー

▶▶ P.142

●守備のための練習

はしごを地面に敷いた状態で、枠のなかと外に足を出し入れしながら進んでいくトレーニング。下半身の敏捷性と巧緻《こうち》性を養うのに効果的。はじめに正確な足の運びを覚え、慣れてきたらスピードアップしていく。単純なものから複雑なものまでいろいろなパターンがあるので、子供たちが飽きない程度に、徐々に複雑なパターンを取り入れていく。

シンプルなステップの“中・中・外”のラダー。はじめに足の動きをしっかり覚えさせ、できる楽しさを演出する

後ろ向きのラダー。できるようになったらどんどん挑戦する

下半身の動きにひねりを加えた“パーチョキ”のラダー

横向きに進むラダー。足さばきがどんどんむずかしくなる

ラダーの基本形“グーパー”のラダー。初心者はこのラダーから覚えるとよい

Lesson 5 前転ダッシュ

●守備のための練習

▶▶ P.147

前転してから行うダッシュ。子供たちの才能を開花させるには、いろいろな運動の要素を取り入れて走るのが望ましい。

1 地面で一度すばやく前転してからスタートを切る

2 すぐに起き上がってスタートを切り、短い距離を全力疾走

Lesson 6 矢印エクササイズ

●守備のための練習

ボードに書かれた上下左右の矢印を順に見ながら、コーチが刻むリズムに合わせて、両手で上下左右を示していくトレーニング。

▶▶ P.163

目でとらえた情報をすばやく手の動きに換える運動。上半身の敏捷性を養う

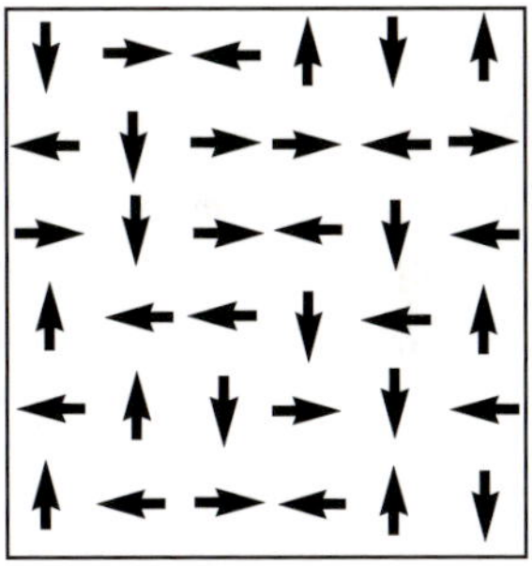

ランダムに矢印を書いた紙を用意して、一定のテンポでやるのがポイント

教えて立花さん!!

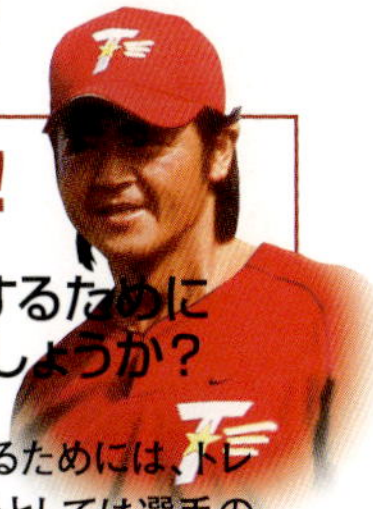

Q さらに反応を早くするために何をすればいいでしょうか？

能力を最大限に高めてあげるためには、トレーニングも大切ですが、指導者としては選手のモチベーションを高めることが重要です。守備を注意するときに、「～しよう」と「～するな」と指導したときでは、出足が2歩ちがってきます。常にポジティブなイメージを持たせるために、「～はダメ」「～はやめろ」といった頭ごなしの否定的表現は控えたほうがいいでしょう。

Column 3

Q&A フィールディング

Q グラブはどんなものを買い与えたらいいでしょうか

A グラブもバット同様、小学生とくに低学年の用具の意外な落とし穴で、軽視されがちです。重すぎてうまく使えなかったり、ボールを追いかけるときに腕がだらんと下がってしまったりしている光景を見かけたことのある人も多いでしょう。

大切なお子さんだからといって、小学生のうちからつくりのしっかりした大人用を与えては、投げるための動作が妨げられてしまいます。

安くてかまいません。子供の体格に見合った軽めのグラブを買ってあげましょう。

Q これまではレフトを守っていたのですが、急にサードを守るように監督にいわれました。内野を守るコツはありますか

A 内野手は、ポジショニングや1歩目のスタートが速くなければ務まらないので、そのための練習を積むことです。実戦では、内またで太ももの内側を意識して守るようにするといいでしょう。サードは内野手のなかでももっとも強い打球が来る"ホットコーナー"と呼ばれるポジションですが、大切なのは積極的なプレーです。

またサードは、投げる距離が外野手に比べれば短いので、強い打球ほど、からだで止めさえすれば、ほとんどアウトにできます。どんな打球が来ても、からだの前で落とす気持ちがあればいいプレーができます。

Q 外野手のフライの捕り方を教えるにはどうしたらいいでしょうか

A はじめから速いボールや捕りにくいボールを投げて練習するのは避けてください。一度でも恐怖感を植えつけてしまうと、それを取り除くにはかなりの時間とエネルギーを要するからです。初心者なら、近い距離からゴムボールを山なりに投げて、素手で頭の前で捕る練習からはじめてみるのもいいと思います。練習をくり返すうちに、ボールに対する遠近感をつかんでいきます。軟式ボールとグラブを使うのは、しっかり捕る感覚をつかんでからでも遅くありません。

Q 外野を守っていますが、フライの落下地点がわからないことがよくあります。どうしたらすばやく判断できますか

A バッターが打つ瞬間や打球音に集中しましょう。集中していれば、しっかり振りきった打球なのか、バットの根元に当たった打球なのかがわかるはずです。

Q 内野手ですが、暴投するくせがあります。どうしたらいいでしょうか

A 練習をしっかり積んでいるとすれば、理由は精神的なものでしょう。投げる動作は無意識にひねりを加えているものですが、意識しすぎると、ひじの先だけで投げてしまうことが多いので、ふだんからしっかりひねりながら投げる練習をしましょう。

第4章
ベースランニング

走る

メジャー流　積極的に進塁を狙う走りを身につけよう

走塁は、直接勝敗に結びつく大切な要素です。かといって成長過程の小学生に負担の大きい極端な筋力アップを望むのは、危険な考え方です。低学年は神経系の伝達スピードが著しく成長し、高学年は心肺能力が成長しはじめる時期です。これらのことをふまえて、メジャー選手を育成したアメリカの少年野球の考え方を取り入れ、俊敏性を磨くことを重視しましょう。

全力疾走は野球の醍醐味 いつでも先の塁を狙って走る

バッターは、打球を放った瞬間から走者になります。たとえ凡打やファウルになりそうな打球でも、内野安打やポテンヒットになる可能性が1%でもあれば、全力で一塁ベースめがけて走るのがランナーの務めです。ひとつの走塁で攻守のムードが逆転し、ゲーム展開ががらりと変わったり、貴重な得点に結びついたりすることがあるからです。

ヒットの確率を高めるためには、足の速さももちろん大切ですが、ボールを打つ動作から走る動作に切り替える俊敏性が大切です。出足の一歩で1～2mは変わってくることでしょう。その回路を子供のうちからつくっておくことが大切なのです。野球は他人のタイミングで動くスポーツです。スタートの速い選手が打席に入っただけで、守備側にプレッシャーもかけられるのです。

集中力を高めて状況をつかみ 的確に決断する能力を養う

塁上の走者が考えるべきことは、集中力を欠いた凡ミスでアウトにならないことと、積極的に先の塁を狙うことです。ですから積極的に次の塁、次の塁という気持ちでチャレンジさせて、たとえアウトになっても叱らずに「ナイストライ!」とほめてあげましょう。

また走塁や盗塁は、状況を的確につかむ集中力と判断力、いざというときの決断力がものをいいます。俊足のランナーといえど、一瞬でも気を抜くとアウトになってしまいます。

ふだんから走力を養う練習を積むことも大切ですが、集中力と判断力を身につけるようなトレーニングにも力を入れましょう。

低学年や初心者は、鬼ごっこ
などから楽しくはじめてみよう

基本の練習

ジョギング

ダッシュ

ベースランニング

スライディング

すばやく的確な動きを身につけるには

●股関節歩行 ……… →P.113

●ジョギング ……… →P.113

●スキップ ……… →P.130

●トゥタッチ ……… →P.131

●3歩ターン、5歩ターン ……… →P.132／133

●ミラー ……… →P.138

●前転ダッシュ ……… →P.147

●プレイタグ ……… →P.147

●スタート練習 ……… →P.148

ランナーの走塁（スタート）

point 1
ピッチャーの動きに神経を集中して、
ホームへの投球動作に移ったと判
断できたら、すばやくスタートを切る

ピッチャーの動きを見ながらすばやいスタートを切る

塁上に生き残ったランナーが、進塁を狙うケースは二つに分かれます。

一つはバッターの打撃による進塁です。どういう打球で、それが相手の野手によってどう処理させるかを見極めながら、先に進むか、もどるかを判断しなければなりません。そしてもう一つは盗塁です。ピッチャーの投球モーションを注意深く観察して、すばやいスタートを切ります。いずれのケースでも、的確な判断力を養う必要があります。

ランナーの走塁（帰塁）

point 2　ピッチャーがけん制球の動作に移ったと判断したら、すばやく帰塁する。セーフティリードがポイントになる

けん制されてももどれるセーフティリードをとる

　ランナーは、タイミングがつかめたら思いきりよくスタートを切らなければなりませんが、それには常に集中力が求められます。一瞬でも気を抜くと、けん制球でタッチアウトになることがあるからです。ベースについていれば、ボールを持った野手にタッチされてもアウトになりませんが、いったん塁を離れたら、常にアウトにされるおそれがあります。けん制球を投げられても確実にもどれる、“セーフティリード”を保ちましょう。

point 1 集中してすばやく始動する

ランナーが走塁の際にもっとも神経を使うのは、スタートを切るタイミングです。ピッチャーの投球モーションに集中して、投球動作に移ると同時に、すばやく“仮のスタート”を切り、その後さらに、バッターが“打つ”か“打たないか”、打ったときは“どんな打球か”などによって、進塁を狙うか帰塁するかを瞬時に判断して走るようにします。

また盗塁するときは、スタートを切ったら全力で先の塁を狙って走るようにします。

Check

スタートのタイミング

すばやいスタートを切るには、俊敏な身のこなしが大切だが、ピッチャーのモーションを見極める洞察力も求められる。投球とけん制球の始動のちがいを、前もってしっかり認識しておくことも大切

俊敏な動作のためのトレーニング

スタート練習

▶▶ P.148

コーチの擬似投球でスタートの練習をする。ときどきけん制をはさむといい

ミラー

▶▶ P.138

スタートでは俊敏性が武器になるので、そのためのトレーニングは欠かせない

point 2 リードの目安を覚える

“セーフティリード”とは、ランナーがリードしているとき、けん制球を投げられてもアウトにならず確実に帰塁できる距離のことです。リードの目安はありますが、スタートに重点をおくか、より大きくリードすることに重点をおくかによってもその距離がちがってきますし、身のこなしや俊敏性を磨くことによって、リードの幅を広げることも可能です。

自分なりの“セーフティリード”の目安を、しっかりつかみましょう。

COACHING コーチング セーフティリードとは

ベースに両足のつま先をタッチした状態でうつ伏せになり、両手を伸ばした地点がセーフティリードの目安。年齢や身体能力によって個人差があるほか、相手ピッチャーのけん制球がうまいかどうかでもちがってくる。自分なりのセーフティリードの目安を、練習や実戦でつかむようにしたい。

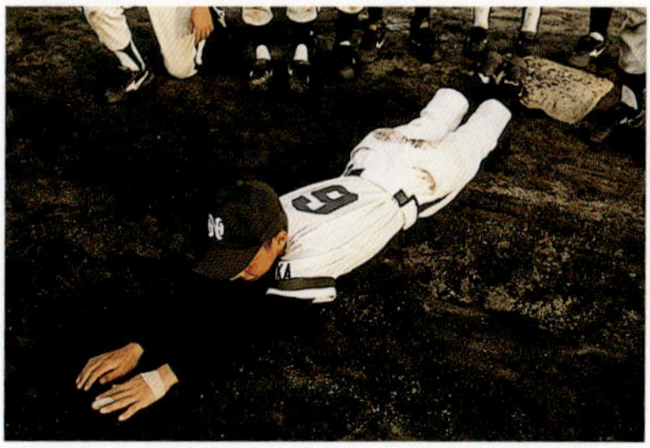

Check 帰塁のポイント

ランナーになったら常に自分の目で、どの野手のグラブにボールがあるか確認しておく習慣をつける。ランナーコーチに頼るくせがつくと、いずれアウトになる危険性が高まるからだ

走るための練習

Lesson 1 股関節歩行

▶▶ P.113

正しいフォームで走るには、まず、正しい姿勢で歩く“股関節歩行”を身につけたい。軽い体操から順序よく行うようにする。

屈伸
傷めやすいひざの、屈伸運動をはじめに行うのが基本

ひざ回し
ひざをそろえて少し曲げ、両手を添えてひざを回す

アキレス腱伸ばし
足を前後に大きく開いて、後ろ側のアキレス腱を伸ばす

内もも伸ばし
足を左右に大きく開いてひざに両手をつき、ももの内側を伸ばす

歩行
股関節を使ってやや大またで歩く。かかとからしっかり着地する

Lesson 2 ジョギング

●走るための練習

▶▶ P.113

屈伸や歩行練習などの軽い運動を終えたら、次にジョギングを行う。はじめはゆっくりしたペースで、徐々にスピードを上げていく。

ゆっくりジョグ
歩行練習を終えたら、次に軽いジョギングを行う

速めのジョグ
ゆっくりジョグから徐々にスピードを上げていく

Lesson 3 スキップ

▶▶ P.130

●走るための練習

準備運動とジョギングでからだを温めてから、リズミカルにスキップ運動をする。短時間でも選手の身体能力を高めるのに役立つ。

スキップ
できるだけ大きく片足ずつジャンプしながら、15mほどの距離を進む

ひねりスキップ
スキップに大きなひねりを加えたもの。大腿筋の内側のトレーニングになる

Lesson 4 3歩ターン、5歩ターン

▶▶ P.132/133

●走るための練習

左右斜めに移動しながら、外側の足でターンして進む運動。3人1組で、1人が「1・2・3！」と声を出しながら行うとよい。

3歩ターン　3歩目でターンしながらジグザグに進む。右足スタートなら右足でターンする

5歩ターン　5歩目でターンしながらジグザグに進む。3歩ターン同様、スタートした足でターンする

Lesson 5 トゥタッチ

●走るための練習

▶▶ P.131

スキップしながら、上げた足のつま先を両手でタッチする。無理をせず、痛みを感じない程度に行うのがポイント。

腰から上を前方に折って両手でつま先にタッチ。ひざはできるだけ伸ばすこと。走りながらの前屈運動になる

教えて立花さん!!

Q 走塁練習はダレてしまいがちですがどう指導すればいいでしょう?

ダッシュの練習は集中して全力でやらないと意味がありません。しかし、ただ全力で走るだけの練習では、子供でなくてもダレてしまうことでしょう。

ここでも子供にゲーム感覚で楽しませつつ、毎回全力で走らせることを考えなければなりません。

たとえば、実戦のようにけん制球を入れての盗塁の練習もいいでしょう。単に盗塁だけではダレてしまうときには、まずいくつかのチームに分けます。そして、何回成功するかを競わせゲーム性を加えることで、子供のモチベーションも上がることでしょう。

また、本書でも紹介しているプレイタグ(P.147)などで、追いかけっこをさせるのもおもしろいと思います。このときもダレてきたころにチーム分けして競わせるといいでしょう。

ピッチャー役のコーチは、選手の反応を見ながらレベルに合わせて楽しませながらやるとよい

Lesson 6 スタート練習

●走るための練習

▶▶ P.148

コーチがピッチャー役になって行う実戦さながらの練習。集中力を高めるために時折、けん制を交ぜたりしながら行う。

ランナーにとってスタートしづらい、左ピッチャーでのスタート練習も欠かさない

Lesson 7 前転ダッシュ

●走るための練習

▶▶ P.147

前転してからダッシュする練習。からだを巧みに使う巧緻性を養えるのに加え、からだをやわらかく使うトレーニングにもなる。

小学生は成長過程にあり、身のこなしにも個人差がある。前転での頭部のケガにはとくに注意を払おう

Lesson 8 プレイタグ

●走るための練習

▶▶ P.147

前の走者が座った状態、後ろの走者が立った状態で同時にスタートし、後ろの走者が前の走者にタッチする遊び感覚の鬼ごっこ。

後ろの走者が前の走者にタッチする際は、ケガ防止のため、押したりせず軽く腰にさわる程度にする

Column 4　Q&A　ベースランニング

Q　チームのなかでもそれほど足が遅いわけではないのですが、盗塁がうまくできなくて悩んでいる子がいます。どうしたらいいでしょうか

A　足が速くても盗塁が苦手な選手はいますが、ほとんどのケースでは100mや50mのタイムがいいのに、スピードに乗るのが遅い傾向にあります。つまり、徐々にスピードを上げていくタイプだということです。こういう選手は、短いダッシュの練習やジャンプを取り入れた俊敏性を磨くトレーニングをたくさんこなすようにすれば、盗塁の成功率が高まるでしょう。

ただし、1日の練習量をやたらに増やしても練習量に見合った効果が得られるわけではありません。ダッシュの練習は集中できる回数(たとえば10本)にとどめて、小学生の場合はほかのスポーツにも接して、神経系を磨くことを第一にすると才能を開花させられます。

Q　9歳の息子が所属する野球チームの監督から、コーチの依頼を受けました。野球の経験はありますが、コーチの経験はありません。どういうことを心がけたらいいでしょうか

A　技術的なことはともかく、指導方法としては、子供たちがどんなにまちがったことをしたり、凡ミスをしたりしても、“怒る”ことを避け、“叱る”ようにしてください。“怒る”は自分の感情で相手をののしることだからです。それに対して“叱る”は、子供のための助言であり、成長を見すえて期待していることを熱く語り、諭すことです。粘り強く説明すれば子供も必ず理解してくれます。心がからだを動かすのです。

Q　少年野球のコーチをしているのですが、いくら教えてもスライディングを怖がってうまくできない子供がいます。どのように教えたらいいでしょうか

A　スライディングを怖がる子供の多くは、ひざからドンと地面にぶつかったり、スパイクで自分の足を引っかけてしまったりするようです。ひととおりどういう足の使い方でスライディングするかを教えたら、スパイクではなくふつうの運動靴に履き替えて、砂場や芝生の上で寝そべるように“滑る”感覚をつかむことからはじめるのはいかがでしょうか。

Q　息子は野球をやっていますが、偏平足のようなので将来が心配です。何かいいアドバイスはありませんか

A　土踏まずの大きい小さいは先天的なケースもありますが、最近の子供たちは足の指を使う機会が少ないので、後天的なケースも増えています。どちらにしても鍛えたほうがいいでしょう。

いろいろなトレーニングがありますが、本書にも取りあげたタオルつかみやカーフレイズ(170ページ参照)、ゴムのチューブを使ったトゥレイズ(178ページ参照)などのトレーニングが効果的なので、日ごろから取り組むようにしましょう。

第5章

ウォーミングアップ

メジャー流 能力を引き出す柔軟なからだをつくろう

ウォーミングアップを怠ると力を発揮できないばかりか、ケガの危険性も高まります。成長期の子供は、骨の成長に筋肉の成長が追いつけない“成長痛”を引き起こすこともあります。その痛みをやわらげるためにも、ストレッチは不可欠なものです。柔軟性は人それぞれちがいますから、メジャーのように全員で行うウォーミングアップを短めにし、個々に合ったものを指導するのもいいでしょう。

自分のからだを熟知したウォーミングアップを心がける

ウォーミングアップをやっていないチームは明らかにケガの頻度が高く、せっかくのゴールデンエイジを棒に振ってしまう子供も少なくありません。しかもからだが硬いと、野球に必要なやわらかい動きも身につかなくなってしまいます。練習の前後には必ず行いましょう。また、からだが温まりにくい、前屈が苦手、肩がまわりにくい、手首が硬いなど、人のからだは千差万別です。そろって同じメニューをこなすだけでなく、個々に適したウォーミングアップをすることも大切です。

コーチに必要なことは、科学的根拠や知識を踏まえたうえで「君は○○が硬いから、よくほぐしたら動きが軽くなるし、ケガもしにくくなるよ」などと指摘してあげることなのです。

ストレッチは“軽い痛み”まで小学生は遊び感覚で取り入れる

まずは軽い体操とジョギングで、からだを温めます。冷えたからだでいきなりストレッチをしても、効果が上がりにくいからです。

ストレッチは、からだの力を抜いて行うのが基本です。「からだがやわらかくなったイメージで」などと声をかけてあげることも大切です。ここでの注意点としては、軽い痛みを感じるくらいまで伸ばすのはかまいませんが、“強い痛み”を感じるところまでは、絶対に伸ばさせないようにすることです。とくにパートナーと行うペアストレッチでは、力加減に注意が必要になります。

それ以外のこまかいことはいいすぎず、子供が飽きないように遊び感覚でやらせてみましょう。お風呂あがりに行うのも効果的です。

ウォーミングアップ

準備運動

ジョギング

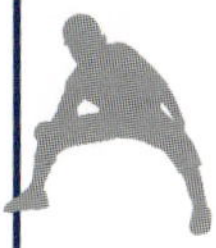

屈伸

伸展

ひねり

コンディション別メニュー

●軽体操～ジョギング …… →P.110

●スタティックストレッチ …… →P.114

●スタンディングストレッチ …… →P.122

（注）行いたいメニューすべてを列挙しています。ふだんは全部ではなく、時間や条件に応じて選択したり、短縮したりしながら行うようにしましょう

軽体操～ジョギング

準備運動で筋肉を温める

軽体操～ジョギングの過程でぜひ取り入れてほしいのが“股関節歩行”です。日本人の多くは歩くときの姿勢が悪く、地面に足がつくときにひざが少し曲がる“ひざ歩行”ですが、すぐれた野球選手は、地面に足がつくときにひざがまっすぐ伸びる“股関節歩行”をしています。

これは股関節が柔軟だからこそできる歩き方で、ひざや腰の負担が減り、すばやい反応が可能になります。ウォーミングアップのときだけでなく、日ごろから正しい姿勢で歩くようにしましょう。

コーチがきちんと見本を見せて、正しい練習法を教えるのも重要。いい加減な方法では効果が上がらないばかりか、ケガをまねく危険性もある

ひざの屈伸

● 5回 ●

軽体操は「これから運動するぞ」という合図をからだに送るもの。

まずはすべてのプレーのベースとなる下半身からはじめるが、最初に行うのはひざがいい。野球に限らずほとんどのスポーツでは、ひざに想像以上に複雑で大きな負担がかかるため、もっとも故障しやすい部位のひとつ。

股関節歩行やジョギングでからだをしっかり温めるための準備として、軽体操では欠かさず行うようにしたい。

両足をそろえて立ち、前屈みになりながらひざの上に両手を添えてしっかり伸ばす

上体を前屈みにしてひざを伸ばした状態から、そのまましゃがみこむようにする

ひざ回し

● 左右各5回 ●

ひざの故障で多いのは、ひざ裏にあるじん帯が炎症を起こすケースだが、成長期にある小学生は成長途中のひざの軟骨を傷めるケースが大半。ひどくなると正座しても痛むことがあるので、注意したい。

両足をそろえて立ち、前屈みになりながらひざの上に両手を添えて回転させる

ひざの屈伸やひざ回しをすると、足の血管がポンプの働きをさかんに行い、酸素をたくさん含んだ血液をどんどん送りはじめる

内もも伸ばし

内もも（内転筋）を伸ばす運動。両足を大きく開いて立ち、両ひざに手を添えて、左右の肩を内側に入れるようにしながら上半身をひねる。両足を大きく広げて“イチロースタイル”で行うといい。

上半身をひねりながら顔の前に肩を持ってきて、上体をグッと乗せるのがコツ。縮みやすく、筋力が低下するとひざも弱くなる内転筋に効く

● 左右各5回　20秒 ●

肩を入れてひねったところで、20秒間静止して深呼吸する

軽体操～ジョギング

アキレス腱伸ばし

両足を前後に大きく開き、前足のひざに体重を乗せながら、後ろ足のふくらはぎとアキレス腱をストレッチ。「ストレッチ感」を得られる程度まで伸ばす。できればひざを曲げた状態でもやっておく。

10秒間静止。ジョギング前のアキレス腱伸ばしは反動をつけずに、ジョギング後は反動をつけながら行う

● 左右各10秒 ●

痛みのない程度に“伸ばされているな”と思える感覚を「ストレッチ感」という。気持ちいいくらいの痛みならかまわないが、通常はこの感覚が得られる程度が伸ばす目安

足首回し

つま先を地面につけて立ち、時計回りとその反対回りにそれぞれ足首を回す。

足首だけでなく、手を組んで手首をひねりながらやるとさらに効果的だが、別々でもかまわない。

● 時計回しと反対回しを左右各5回 ●

足首は捻挫しやすい部位でもあるので、これはジョギング前には欠かせない軽体操のひとつ

股関節歩行

股関節を使って歩く練習。胸を張って大きく腕を振りながら、やや大またで、かかとから接地するように歩く。いい野球選手になる第一歩は、いい歩き方をすること。そのための練習が"股関節歩行"だ。

入場行進のイメージで歩く。子供のころから股関節を使った股関節歩行をマスターしておくといい

COACHING コーチング

股関節歩行は、股関節を強くやわらかくする効果がある。からだの力を抜いて脚の付け根から振るように足を伸ばし、かかとから着地するのがポイント。野球では、いいピッチャーほど股関節が強くてやわらかいという特徴がある

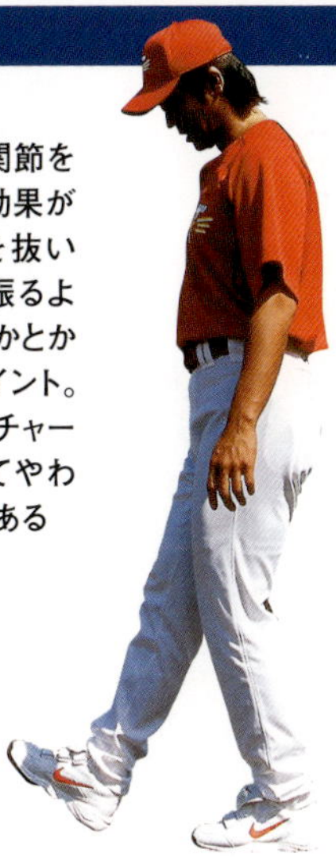

● 約3分 ●

ジョギング

軽体操が終わったら、ジョギング。からだを温める準備運動の締めくくりだ。はじめはゆっくりで、徐々にスピードを上げていくといい。ジョギングには、からだを温めてくれる速効性がある。

● 約5〜8分 ●

単調になりがちなので、選手たちが声を出し合ったり、コーチが話しかけたりするのもいい

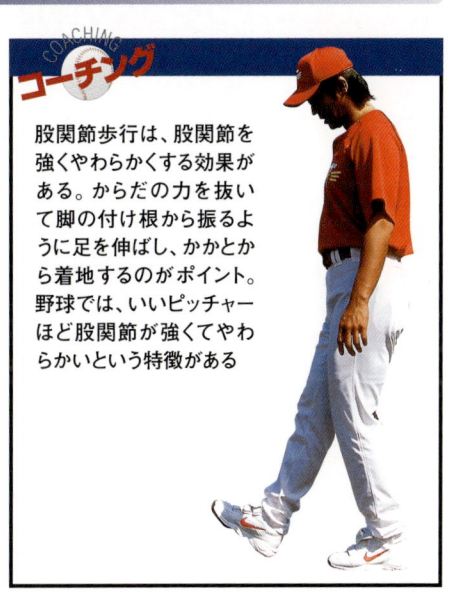

スタティックストレッチ（晴天用）

息を吐きながらゆっくり伸ばす

スタティックストレッチとは、反動などを使わないで行うゆっくりしたストレッチのことで、少しずつ関節や筋肉の可動域を広げていくものです。痛みをともなわない程度に筋肉や腱を最大限まで伸ばした状態をしばらく維持します。できるだけ伸ばしている筋肉に意識を集中して、ゆっくり行いましょう。

ストレッチはすべて、呼吸しながら行うのが基本。鼻から息を吸い、口から息をゆっくり吐きながら伸ばしていき、伸ばしきったところでしばらく我慢してからもどします。2度目以降も同じ要領ですが、1度目よりさらに深く伸ばします。

ジョギングなどで体温を上げたあとに行うのが効果的です。

ストレッチの方法

①鼻から吸う

②口から吐く（伸ばす）

③息をとめる

おしり伸ばし①

仰向けに寝て、両手でひざを脇のほうに引き寄せて抱えながら、おしりの筋肉を伸ばす。おしりには大臀筋《だいでんきん》があるが、ふだん独立した筋肉として意識することは少ないので、伸ばしたい部位に意識を集中して行う。

● 左右各10秒 ●

背すじ・首・顔をまっすぐにして、空を見つめるような姿勢を保ちながら10秒間静止する

おしり伸ばし②

仰向けに寝て、両手で足首を顔の前まで引き寄せながら、おしりの外側の筋肉を伸ばす。"おしり伸ばし①"と同様、大臀筋は独立した部位としての意識が低いので、伸ばす筋肉に意識を集中して行う。

● 左右各10秒 ●

顔の手前で、足の裏を見すえるポーズになったところで10秒間静止

もも前伸ばし①

横向きになって片ひざを折り、背中側で片手で足先を引き寄せながら、大腿四頭筋を伸ばす。小学生によくある成長痛の多くはひざのお皿の下あたりに痛みが出るので、予防のためにも念入りにやっておく。

● 左右各10秒 ●

大腿四頭筋が伸びた状態で10秒間静止する。空いた腕を使って頭を支えると楽にできる

もも裏が伸びた状態で10秒間静止する。肉離れなどの予防になる

もも裏伸ばし①

仰向けに寝て、できるだけひざを曲げないようにしながら片足を上げ、両手で足首を持って引き寄せる。もも裏（大腿二頭筋）は肉離れを起こしやすい部位なので、よく伸ばしておく。

● 左右各10秒 ●

● 左右各10秒 ●

大腿四頭筋が伸びた状態で10秒間静止する。太ももに意識を集中させながら行うといい

もも前伸ばし②

片足のつま先をおしりの下に敷いて、無理せず少しずつ仰向けになり、大腿四頭筋を伸ばす。"もも前伸ばし①"と同様、ひざのお皿の下部分に痛みが出る、成長痛を予防するのに効果がある。

もも裏伸ばし②

足を伸ばしたまま広げて座り、片方のひざを折り曲げた状態で、もう一方の足の先を手で引き寄せる。ももの裏からひざまわりのストレッチは、小学生の成長痛をやわらげる効果もあるので、多めにやるといい。

● 左右各10秒 ●

もも裏が伸びた状態で10秒間静止する。余裕があれば、上体を前に倒していく

スタティックストレッチ（晴天用）

内もも伸ばし

● 10秒 ●

座ったまま両足の裏を合わせて、両手でつかむ。背すじを伸ばしたまま上半身を前に倒していき、顔を足に近づけるようにしながらももの内側の筋肉を伸ばす。同じ姿勢で、背中を地面につけて仰向けになってもよい。

股関節が開いた状態で10秒間静止する。できるだけ、両手でつかんだ足裏を引き寄せる

● 左右各10秒 ●

脇腹が伸びた状態で10秒間静止する。肩やひじの柔軟性も高めることができる

体側伸ばし①

足を広げて片方のひざを折って座り、腕を頭の後ろで組む。伸ばした足の方向に上半身を真横に倒していく。

腕の外側や脇腹（体側部）を伸ばす効果がある。

● 左右10秒 ●

腰をひねった状態で10秒間静止する。脇からおしり、もも裏が伸びている感覚があるといい

腰ひねり

仰向けに寝て、片足を立てた体勢から、腰をひねって足を逆方向へ倒す（右足なら左方向）。顔は、足を倒したのと反対方向を向くようにする。

リラックスするほど効果が上がる。

体側伸ばし②

両ひざをついた状態から、片手を前方に伸ばしていき、もう一方の手を上に重ねる。下になった手のほうに体重をかけながら上半身を倒していく。わきの下（広背筋）を伸ばす効果がある。

● 左右各10秒 ●

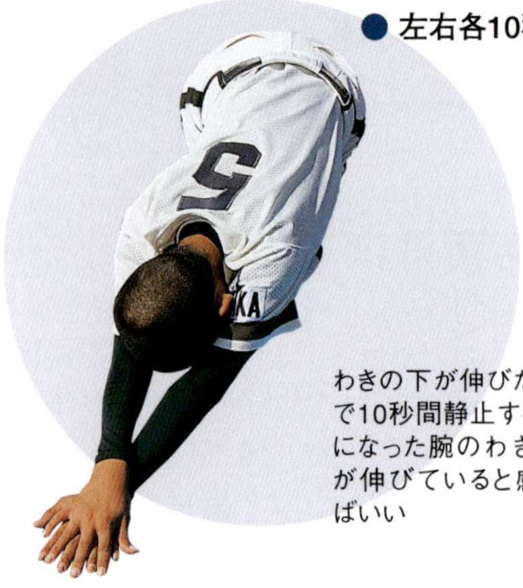

わきの下が伸びた状態で10秒間静止する。下になった腕のわきの下が伸びていると感じればいい

腹筋伸ばし

● 10秒 ●

足をまっすぐ伸ばしたうつ伏せの体勢から、突っ張るように両手でからだを支えて上体を起こす。あごを上げて、空を見上げるようにしながら腹筋を伸ばす。おなかに意識をおくようにすると、より効果が上がる。

腹筋が伸びた状態で10秒間静止する。気持ちいい程度に、ほどよく伸ばす

● 左右30秒 ●

対角の手足が伸びた状態で30秒間静止して、深呼吸する。バランス感覚を身につけるのにも役立つ

手足クロス上げ

四つんばいの体勢から、対角の手足（右手と左足、もしくは左手と右足）を同時に上げる。朝起きたときに伸びをするような感覚で行うといい。手を広げて親指が上になるようにし、足はつま先までしっかり伸ばす。

● 10秒 ●

背筋が伸びた状態で10秒間静止する。肩甲骨のエクササイズにもなる

背筋伸ばし

正座した状態から、両腕を前方に伸ばしていき、上体を伸ばしたまま倒しながら背筋を伸ばす。背中が丸まらないように、おなかを縮めないように意識しながら、しっかりと上体を沈めていく。

胸伸ばし

両ひざをついて四つんばいになり、片方の手のひらを広げて、斜め前に着く。そのまま肩の前面を地面にゆっくり近づけて、胸の筋肉（大胸筋）を伸ばす。ゆっくり自分の体重をかけるようにするといい。

● 左右各10秒 ●

大胸筋が伸びた状態で10秒間静止する。肩甲骨のエクササイズにもなる

スタティックストレッチ（晴天用）

ねこ運動

　ねこのように、背中を丸めたり反らせたりする運動。四つんばいになってあごを引き、背中を丸める。その体勢から、あごを上げて背中を反らせる。このおなかが上下するような動きを、息を吐きながらゆっくり行う。

　正しい動きがわかりにくく、子供にしくみを説明するのはむずかしいので、コーチが見本を見せながら指導してあげるといい。

● 5往復 ●

背中を、丸めた状態と反った状態の2か所で、しっかり動きを止め、5往復する

肩甲骨運動

　四つんばいになって、肩甲骨を内に寄せたり外に開いたりする運動。ねこ運動と同様、動きがわかりにくいので、コーチが見本を見せながら指導してあげるといい。肩甲骨は“投げる”という動作に深く関わっていて、肩甲骨まわりの筋肉がやわらかいほどスローイングがスムーズになり、パフォーマンスも高くなる。小学生の段階では、肩甲骨まわりに筋肉をつけることよりも、やわらかくすることに専念したい。

● 5回 ●

四つんばいの状態で両腕を突っ張って腕を固定したまま、胸を地面の方向に押し当てるようにする

腕をしっかり固定したまま、胸を地面から遠ざけるようにすると肩甲骨はよく動く

ひじ・手首伸ばし①

座ったまま、指先が手前になるよう両手のひらを地面に着き、上体を徐々にかぶせるようにして手首(前腕)とひじ(上腕)の内側を伸ばす。はじめは少し痛いが、前腕の内側の筋肉が伸びるにつれて痛みもやわらいでくる。

● 10秒 ●

手首とひじが伸びた状態で10秒間静止する。おしりを後方に引くほど前腕は伸びる

手首とひじが伸びた状態で10秒間静止する。強い痛みを感じるような伸ばし方は絶対にしない

ひじ・手首伸ばし②

● 10秒 ●

座った状態で、指先が手前になるように両手の甲を地面に着く。上体をかぶせるようにしながら、手首(前腕)とひじ(上腕)の外側を伸ばす。手首が硬い場合は、はじめは手の甲を地面から少々離してもかまわない。

● 左右各10秒 ●

背中側の肩の筋肉が伸びた状態で10秒間静止する。うまく伸ばせるよう腕の力を抜くのがポイント

肩後面伸ばし

座った状態から片腕を胸の前に出し、もう一方の手でひじを抱えるようにして、胸のほうにゆっくり引き寄せながら伸ばす。肩後面の筋肉(三角筋)が伸びている感覚が得られるようにする。

ひじ裏伸ばし

片手を上から頭の後ろに回す。もう一方の手で後ろに回したほうのひじをつかみ、ゆっくり背中側に押して、ひじ(上腕)の外側を伸ばす。投げる動作に欠かせないストレッチ。

● 左右各10秒 ●

ひじ裏の筋肉が伸びた状態で10秒間静止。肩甲骨まわりもやわらかくなるため、球威も増すストレッチ

スタティックストレッチ（晴天用）

首前伸ばし

● 10秒 ●

正座して首を後ろに倒し、組んだ両手の親指をあごに添える。親指で軽く押しながら首をさらに後ろに倒し、首の前を伸ばす。空を見上げるように、しっかりあごを上げるのがポイント。

首の前が伸びた状態で10秒間静止する。元にもどすときも、ゆっくり鼻から息を吸う

首後ろ伸ばし

● 10秒 ●

正座した状態で、頭の後ろで両手を組み、首を少しずつ前に倒しながら伸ばす。首の後ろの筋肉の柔軟性を高めて、運動中に首を傷めたりすることの予防になる。無理に伸ばしすぎて、筋を傷めないよう注意。

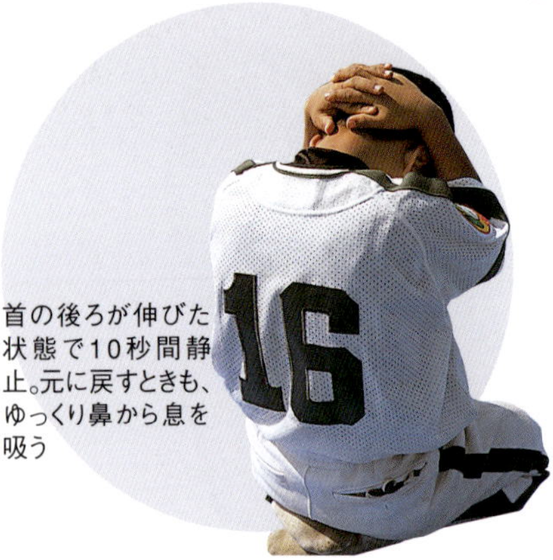

首の後ろが伸びた状態で10秒間静止。元に戻すときも、ゆっくり鼻から息を吸う

● 左右各10秒 ●

首の横が伸びた状態で10秒静止。元にもどすときも、ゆっくり鼻から息を吸う

首横伸ばし

正座したまま手を腰の後ろで組み、首を横に少しずつ倒していく。「肩を固定したまま、耳を肩にくっつけるようなイメージで」と指導しよう。後ろで手を組むときに、倒す側の手で反対側の手首を握るようにするといい。

伸ばした状態で10秒間静止。アキレス腱が伸びる感覚をからだで感じながら伸ばす

アキレス腱下部伸ばし

両手でひざを抱え、前方に体重をかけながらアキレス腱の下部を伸ばす。アキレス腱は、強い力が加わったときや、ジョギングをやりすぎるなどの原因でも傷めることがある。丹念に伸ばしておく。

● 左右各10秒 ●

しなりストレッチ

しなりストレッチ

10秒

ボールを目標まで正確に強く投げるためには、“ゼロポジション”で腕を振らなければならない。ゼロポジションとは、背筋を伸ばし、両手を頭の後ろで組んだ姿勢で肩の力を抜き、ひじを固定したまま腕を伸ばした位置のこと。肩の筋肉と腕の骨がまっすぐになって、投げるための筋肉がすべて同じ長さになるため、この位置で腕を振るのがもっとも効率よく、強いボールが投げられるのだ。

このゼロポジションで腕を伸ばすのが“しなりストレッチ”。

まずゼロポジションをつくったら、後ろにパートナーについてもらう。その位置で相手の親指を握り、上体を前に倒すように引っ張る。投げるときのフォームを意識しながら無理せずに行うのがポイント。

このとき注意してほしいのは、パートナーは必ずじっとしていること。後ろに引っ張ったりすると肩を傷めてしまう危険性があるので、くれぐれも注意する。

背筋を伸ばして、両手を頭の後ろで組み、その姿勢のまま肩の力を抜いた状態をつくる

ひじを固定したまま腕を伸ばしたところが、ゼロポジション

COACHING コーチング ゼロポジションでしなりストレッチ

ゼロポジションの位置で後方のパートナーの親指を握り、からだを軽く前に倒すようにする

人間の関節のなかで、いちばん大きな可動域を持つ肩関節。そのぶん、もっともケガをしやすい部位ともいえる。非常にデリケートな部位だけに、トレーニングやストレッチでケガをしないように気をつけることが大切。
このストレッチで気をつけたいのが、後方のパートナーが絶対に腕を手前に引かないこと。あくまでも自らの意思で、できる範囲内で自分でからだを前傾しないと、肩やひざを傷めやすい。ケガを予防するためのストレッチでケガをさせてしまわないよう、気をつけよう。

スタンディングストレッチ（悪コンディション用）

ペアを組んで立ってストレッチ

スタンディングストレッチは、グラウンドのコンディションが悪かったり、座る場所がない場合に用いるといいでしょう。ペアを組んでやると効率がよく、効果も上がります。

すべてのストレッチは、呼吸しながら行うのが基本です。スタンディングストレッチも、鼻から息を吸って、口から吐きながらゆっくり伸ばしていきます。また、ほかのストレッチと同様、痛みをともなわない程度に伸ばすという点にもっとも注意します。1度目よりも2度目、2度目よりも3度目をより念入りに伸ばすようにすると効果的です。

ペアストレッチで注意することは、相手をサポートし合うときの力加減。お互い無理のないように、体格が似た相手と組むようにするといいでしょう。

からだのどこかを傷めていても「大丈夫です！」と答えてしまう子供もいるので、指導者は、野球ができなくなるほどの致命傷をまねかないよう、細心の注意を払う

もも裏伸ばし①

お互いの手をつかみ、左右のもも裏の筋肉を伸ばす。お互いが左足を伸ばせば体重をかけてもバランスがとれるため、手を組んだ効果が得られる。肉離れを起こしやすい部位なので、よく伸ばしておく。

● 左右各10秒 ●

もも裏が伸びた状態で10秒間静止する。肉離れなどの予防になる

もも裏伸ばし②

向かい合い、パートナーに片足を抱えてもらって、もも裏の筋肉を伸ばしていく。ひざまわりのストレッチは小学生特有の成長痛をやわらげる効果もあるので、多めにやりたい。

もも裏が伸びた状態で10秒間静止する。余裕があれば、上体を前方に倒していく

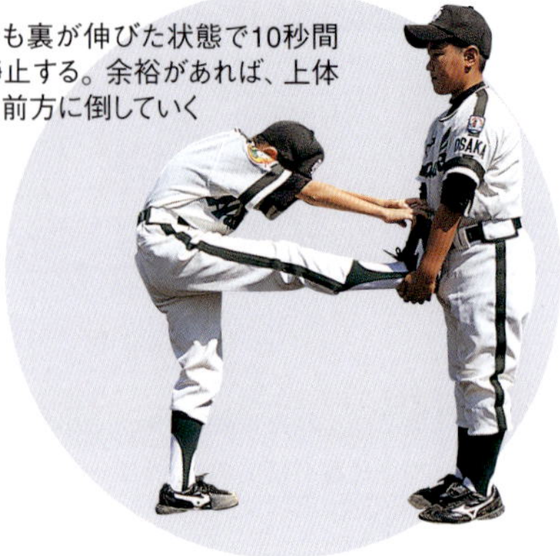

● 左右各10秒 ●

内もも伸ばし

横向きに伸ばした片足をパートナーに抱えてもらって、内ももの筋肉を伸ばしていく。からだを支えているほうのひざに手を乗せながら腰を沈めていくと、さらによく伸ばすことができる。

● 左右各10秒 ●

股関節をできるだけ開いた状態で10秒間静止。パートナーは、無理に足を持ち上げたりしないように

もも前伸ばし

片足で立ち、パートナーがもう片方の足を抱える。からだを支えているほうのひざを曲げて、太ももの筋肉（大腿四頭筋）を伸ばす。成長痛を予防する効果もあるので、多めに行いたい。

● 左右各10秒 ●

大腿四頭筋が伸びた状態で10秒間静止する。からだを支えている足のひざの上に手を乗せるとやりやすい

もも裏と腰が伸びた状態で10秒間静止。伸ばしている筋肉に意識を集中する

もも裏・腰伸ばし

ペアを組んで、肩幅よりやや広いスタンスで立ち、前屈みになって両手をお互いの肩の後ろに乗せる。背すじをできるだけ伸ばしたまま上半身を倒していきながら、もも裏と腰を伸ばす。

● 左右各10秒 ●

教えて立花さん!!

Q 最近、小学生にも増えた成長痛とはなんですか？

成長痛は正式には「オスグッド・シュラッテル病」といい、背が著しく伸びて、からだが硬くなる小学校高学年に起こりやすい症状です。この時期は成長のほとんどを骨に費やしてしまうため、骨の成長に筋肉の成長が追いつけずに、筋肉が引っ張られて痛みを起こしているのです。成長痛をやわらげるためにも、十分なストレッチを行いましょう。ストレッチは習慣にすることが大切なので、毎日楽しくテレビを見ながらはじめるのもいいでしょう。

スタンディングストレッチ（悪コンディション用）

腰横伸ばし

肩幅よりやや広いスタンスで立ち、前屈みになって両手をお互いの肩の後ろに乗せる。そろって横を向くように上体をひねりながら、腰の横から脇腹にかけて伸ばす。ひざは伸ばしたまま行う。

● 左右各10秒 ●

腰の横が伸びた状態で10秒静止する。無理をせず、お互いの呼吸を合わせながらゆっくり行う

体側伸ばし

● 左右10秒 ●

内側の足の小指側をお互いにくっつけて、正面を向いて立つ。上下で両手をつなぎお互いに引っ張り合って、体側を伸ばしていく。一方が強く引いてバランスを崩さないように注意。

体側が伸びた状態で10秒間静止する。無理に引っ張り合ったりしない

● 10秒 ●

からだの前面が伸びた状態で10秒間静止する。相手を下ろすときは、しっかり着地できるようにゆっくり動く

体前面伸ばし

背中合わせに立ち、頭の上でお互いの手を組む。一方の選手が前屈みになり、パートナーを背中で持ち上げて、からだの前面を伸ばしてあげる。大腿四頭筋、腹筋、大胸筋などのストレッチも兼ねられる。

ひじの外側の筋肉が伸びた状態で10秒間静止。肩甲骨まわりもやわらかくなり、腕の振りがよくなる

● 左右各10秒 ●

ひじ裏伸ばし

片手を頭の後ろに回し、もう一方の手で後ろに回したほうのひじをつかんで、ゆっくり背中側に押しながら、ひじの外側（上腕三頭筋）を少しずつ伸ばしていく。"投げる"ために有効なストレッチ。

背中の裏側の筋肉が伸びた状態で10秒間静止。伸ばしたほうの腕の力を抜くのがポイント

● 左右各10秒 ●

肩後面伸ばし

片方の腕を胸の前で伸ばし、もう一方の手で伸ばした腕のひじを抱えるように、胸のほうへゆっくり引き寄せながら伸ばしていく。肩後面の筋肉（三角筋）が伸びている感覚が得られるといい。

首横伸ばし

● 左右各10秒 ●

手を腰の後ろで組んで、首を横に少しずつ倒しながら伸ばす。肩を固定して、耳を肩にくっつけるようなイメージで曲げていく。手を後ろで組むときに、首を倒す側の手で反対側の手首を握る。

首の横が伸びた状態で10秒間静止。元にもどすときも、ゆっくり鼻から息を吸う

首後ろ伸ばし

頭の後ろで両手をしっかり組み、首を少しずつ前に倒しながら伸ばしていく。首の後ろの筋肉の柔軟性を高めることで、運動中に首を傷めたりすることの予防になる。無理に伸ばして筋を傷めないよう注意。

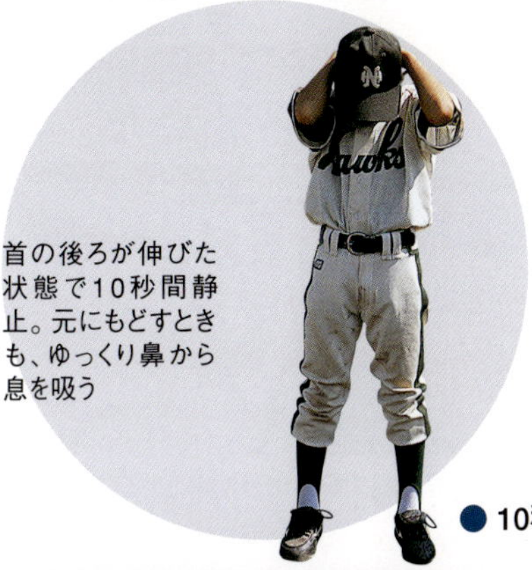

首の後ろが伸びた状態で10秒間静止。元にもどすときも、ゆっくり鼻から息を吸う

● 10秒 ●

首の前を伸ばした状態で10秒間静止。元に戻すときも、ゆっくり鼻から息を吸う

首前伸ばし

首を後ろに倒し、組んだ両手の親指をあごに添える。親指であごを軽く押すように、さらに首を後ろに倒しながら首の前を伸ばす。空を見上げるように、しっかりあごを上げるのがポイント。

● 10秒 ●

スタンディングストレッチ（悪コンディション用）

ひじ・手首伸ばし①

片手の指が下を向くようにし、手の甲を自分に向けてゆっくり伸ばす。もう一方の手で、伸ばした手の指先を手前に引っ張るようにしながら、手首（前腕）とひじ（上腕）を伸ばしていく。

● 左右各10秒 ●

手首とひじが伸びた状態で10秒間静止。日ごろからこまめにやるといい

ひねった状態で10秒間静止する。手首がやわらかくなると、スローイングも安定する

● 左右10秒 ●

手首ひねり①

片手で小さく「前ならえ」をした状態から、小指が上になるように手首を外向きにひねる。外側に向けた手のひらを、もう片方の手で補助する。伸ばしている筋肉に意識を集中すると、効果が上がる。

ひじ・手首伸ばし②

片手の指が下を向くように手のひらを自分に向けて伸ばす。もう一方の手で指先を手前に引っ張るようにしながら、手首（前腕）とひじ（上腕）を伸ばす。はじめは少し痛いが、徐々になれてくる。

● 左右各10秒 ●

手首とひじが伸びた状態で10秒間静止する。強い痛みを感じるような伸ばし方をしないように、じっくりやる

ひねった状態で10秒間静止。腕を伸ばしぎみにするとひねりやすくなる

● 左右10秒 ●

手首ひねり②

“手首ひねり①”と同様、片手で小さく「前ならえ」をした状態から、親指が下になるように手首を内側にひねる。手の甲が内側に向くように、もう片方の手で補助する。痛みを感じる手前までひねる。

第6章

俊敏性を養うトレーニング

メジャー流 すばやく反応する俊敏なからだをつくろう

日本では、いまだに“やらされている”と感じながら練習している子供たちがたくさんいるようです。その一方で、アメリカの子供たちは「野球が好きでたまらない」、だから「うまくなるにはどうしたらいいか」を自分で考え、家に帰っても自らストレッチやトレーニングに励んでいます。このちがいが、大人になったときに大きな差となって現れることを知って、子供たちと接しましょう。

年齢によってちがう 子供たちの伸びる能力

メジャーに代表される大人の選手が行うトレーニングは、1年を「休養期」「強化期」「準備期」「維持期」の4つに分け、“年間計画”として考えています。

しかし、そのアメリカでも、成長期の子供たちを指導する場合は、“年齢計画”です。彼らの成長には個人差があり、年齢によって伸びる能力が異なっているからです。反射神経に代表される「神経系」は、5、6歳から伸びはじめて、9歳にはピークを迎えます。そして肺活量に代表される「持久力」は14～15歳、筋力は16～17歳が成長のピークです。

「いま、その子にとってどういう能力を伸ばしてあげるのが大切か」ということに、指導者は常に目を向けましょう。

子供たちの将来を見すえて あらゆるスポーツに親しもう

小学生は、運動能力のなかでもとくに“俊敏性”がもっとも伸びる時期。子供たちの将来を考えれば、“走る”“投げる”“打つ”“捕る”などの野球の練習に限定せず、“跳ぶ”“登る”“転がる”“スキップする”など、あらゆる動きをエクササイズに取り入れなければなりません。さまざまなスポーツに通じることで、野球の練習からだけでは得にくい“俊敏性”を、楽しみながら身につけられるからです。

サッカーやラグビー、バレーボール、ドッジボール、水泳、…なんでもかまいません。野球の練習メニューのなかに、ほんの少しでも野球とはちがったスポーツを取り入れて、将来を見すえたスケールの大きな選手を育てるようにしましょう。

俊敏性を磨くには

スキップ

スキップ

● 15〜20m／2〜3本 ●

片足で交互に跳びながら走る、股関節を使った運動。ひざを腰のあたりまで上げ、腕を大きく振ってバランスをとりながら進む。すばやく軽快にスキップできるようになると、からだの軸がぶれなくなり、守備やバッティングのレベルも向上する。

背すじを伸ばして大きく腕を振る

ひざを腰のあたりまで上げ、できるだけ軽快に走る

スキップツイスト

● 15〜20m／2〜3本 ●

片足で交互に跳びながら走るスキップに、ひねりを加えた運動。腰の位置まで上げた足を大きく内側にひねる。大きくひねればひねるほど、高い股関節運動の効果が得られる。

肩の力を抜いて、リラックスしながらやるのがポイント。

からだの軸を崩さないようにひねる

腕をうまく使うことでバランスが保てる

足の運び方

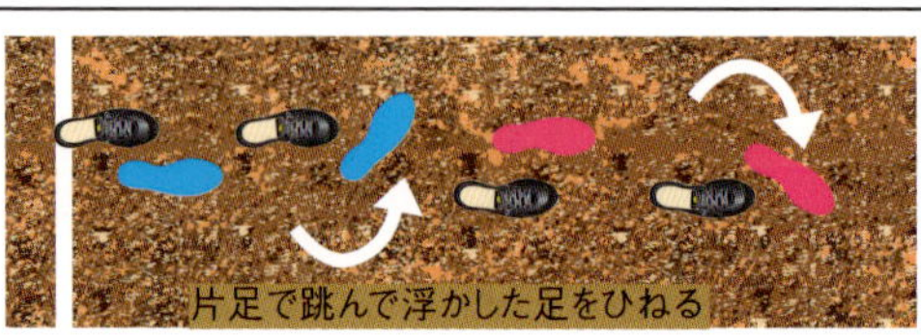
片足で跳んで浮かした足をひねる

左足からスタートしたら、左足で跳んで左足で着地、右足で跳んで右足で着地を小刻みにくり返しながら進んでいく

トゥタッチ

トゥタッチ

●15～20m／2～3本●

背すじを伸ばしたままスキップしながらゆっくり走り、跳んだときにつま先を振り上げる。そのタイミングで上体を屈め、両手でつま先に触れる。

からだの柔軟性には個人差があるので、苦痛を感じない程度にやるのがポイント。

もも前(大腿四頭筋)、もも裏(大腿二頭筋)、腹筋などにトレーニング効果がある。

1 はじめはゆっくり行いながら、やり方を覚える

2 つま先まで届かなければ、ひざを少し曲げてもいい

3 足を高く上げるほど、もも裏のストレッチになる

足の運び方

片足で跳んで、着地でもう一方のつま先にタッチ

足の運びはスキップと同じ。左足で短く跳んで左足で着地したら、その瞬間に両手で右のつま先に触れる

ターン

3歩ターン

● 15〜20m／2〜3本 ●

ジグザグにターンをくり返しながら、テンポよく走る。

右足から右斜め前（45度が目安）にスタート。3歩目の右足で踏ん張りながらターンして、左に向きを変えて走り、次の3歩目で左足でターンする。ターンするときに外側の足で踏ん張って「壁」をつくるのがポイントで、大腿筋などのトレーニングに効果がある。

1 右方向に向かって、ゆっくりとスタートを切る

2 3歩目で、外側の右足に体重をかけて「壁」をつくる

3 右足を軸にターンして、走る方向を左に変える

足の運び方

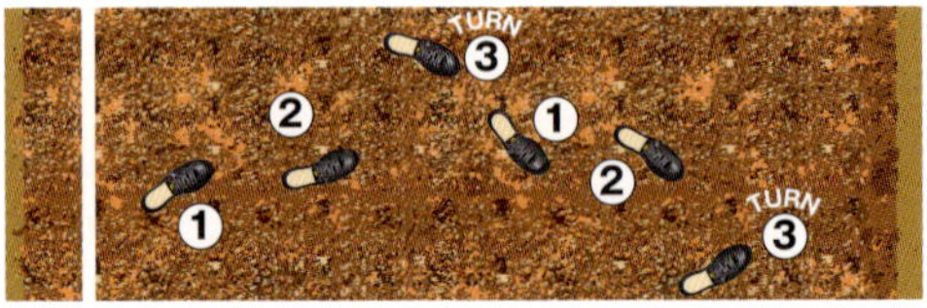

左方向に左足からスタートを切ると、3歩目が外側の左足になる。そこでターンすると次の3歩目は外側の右足になる

5歩ターン

● 15〜20m／2〜3本 ●

3歩ターンと同じく、ジグザグにターンをくり返して走る練習。

右足から右斜め前にスタート。5歩目の右足で壁をつくって踏ん張りながらターンし、左方向に向きを変える。走る距離は15mほど。3歩ターンより走るスピードが増すので、ターンのとき下半身にかかる負荷も大きくなり、トレーニング効果も大きくなる。

1 通常、2〜3人1組で行うと効率よくこなせる。動きがわかるまでは、ゆっくりでかまわない

2 複数で行うときは、1人が「1、2、3、4、5!」と声をかける

3 選手同士の衝突を避けるために、適度に間隔を空ける

足の運び方

左方向に左足からスタートを切ると、5歩目が外側の左足。そこでターンすると次の5歩目は外側の右足になる

ランジウォーク

ランジウォーク

● 15〜20m／2〜3本 ●

まっすぐ歩きながら3歩目で大きく踏み出し、前足を軸に腰を落とす。そのときに両腕を頭の後ろで組むと姿勢が保てる。

直立の姿勢から、股関節とひざの関節を屈伸させつつ上体を上下させる“ランジ”を歩きながら行うもので、もも前（大腿四頭筋）、もも裏（大腿二頭筋）、おしり（大臀筋《だいでんきん》・中臀筋）などに効果がある。

1 上体をまっすぐに保ちながら、右足からスタート

2 肩の力を抜いて、少し大またでゆっくり歩き出す

3 3歩目で大きく踏み出し、手を頭の後ろで組んで腰を落とす

足の運び方

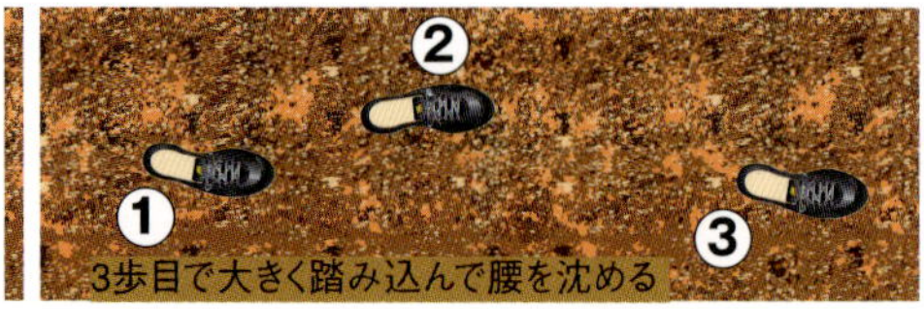

右足からスタートして、3歩目の右足で大きく踏み出す。前足に体重を乗せ、ひざを曲げながら腰を沈める

キャリオカ

キャリオカ

● 15〜20m／2〜3本 ●

左右の足を交差させながら横向きに歩く。

左に向かって歩くときは、左足はそのまま進行方向に出し、右足を前で交差させる。次に、また左足をそのまま横に出したら、今度は右足を後ろで交差させながら進行方向に出す。

股関節のひねりと腰の回転のエクササイズになる。

1 左方向にスタートしたら、右足を前で交差させて進行方向に踏み出す

2 右足が着地したら左足を進行方向に踏み出す

3 左足が着地したら、右足を後ろから進行方向に踏み出す

足の運び方

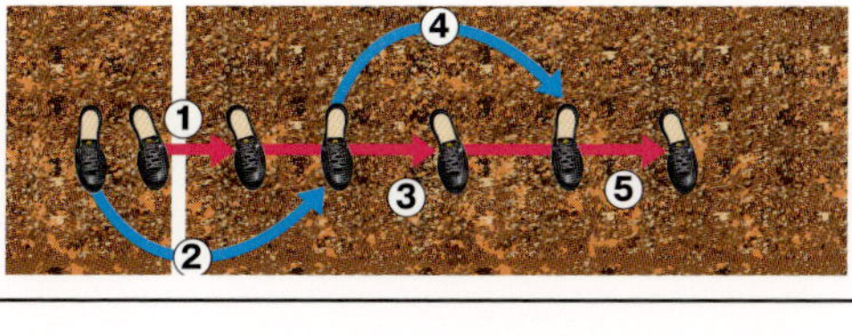

1歩目で左足を左、2歩目で右足を前で交差させて左、3歩目でまた左足を左、4歩目で右足を後ろで交差させて左へ

サイドステップ

サイドステップまた抜き

● 15～20m／2～3本 ●

斜め前に歩きながら3歩目を軸にして、4歩目の足でハードルを越えるようにしてターンする。

3歩目までは“3歩ターン”と同じ。4歩目でひざを腰の高さまで上げ、内側から外側に抜くようにして方向転換しながら踏み出す。

もも前（大腿四頭筋）のトレーニングと、股関節を回転させるエクササイズになる。

1 右方向にスタートして3歩目の右足で「壁」をつくる

2 「壁」にした右足を軸に、左足のひざを内側から上げる

3 左足のひざを内側から抜くようにして、腰の高さまで上げる

4 腰の高さまで上げた左足を、外側に踏み出すようにターンして歩き出す

足の運び方

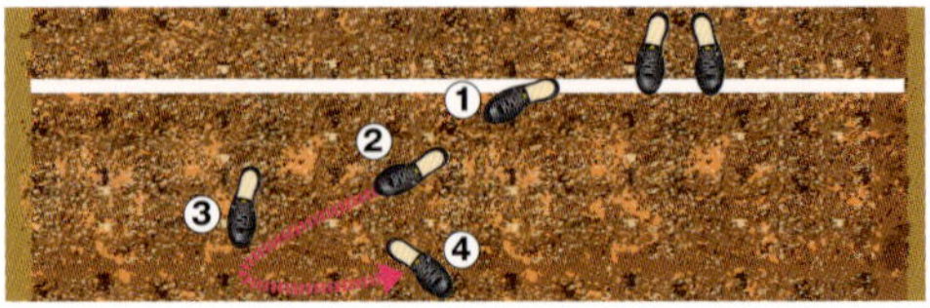

右足から右方向にスタートすると3歩目も右足。そこを軸に4歩目の足を、内側から外側に抜くように上げてターンする

サイドバックステップまた抜き

● 15〜20m／2〜3本 ●

背走しながら行う“サイドステップまた抜き”。右足から右方向にスタートしたら、3歩目の右足を軸に、左足のひざを腰の高さまで上げ、内側から外側に向けて足を抜くようにしながら、4歩目から方向を変える。

もも前(大腿四頭筋)、股関節に加えて、ふだんあまり使わない、すねの筋肉(前けい骨筋)に効果がある。

1 右足から右方向に背走しながらスタートする

2 3歩目の右足で「壁」をつくるようにして左足を上げる

3 右足を軸にしながら、左足のひざを腰の高さまで上げる

4 上げた左足を外側に踏み出すように、4歩目でターンする

足の運び方

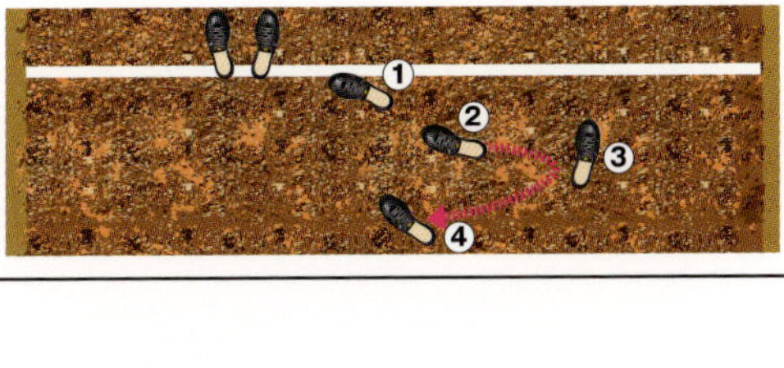

背走しながら、右足から右方向にスタートすると3歩目も右足になるので、そこで左足を上げてターンする

ミラー

ミラー①

● 15〜20m／2〜3本 ●

前の選手がランダムにサイドステップしながら進み、後ろの選手がそのステップをマネながら追いかける。前の選手は、後ろの選手がぎりぎりついて来られる程度のスピードでサイドステップしながら進む。

小学生で著しく成長する神経の伝達スピードの向上をはじめ、反射神経や瞬発力を磨くトレーニング。

1 前の選手と後ろの選手のあいだに2、3mの距離をおく

2 前の選手は、自分の思ったとおりに不規則に左右へステップ

3 後ろの選手は、前の選手をマネてすばやく動く

足の運び方

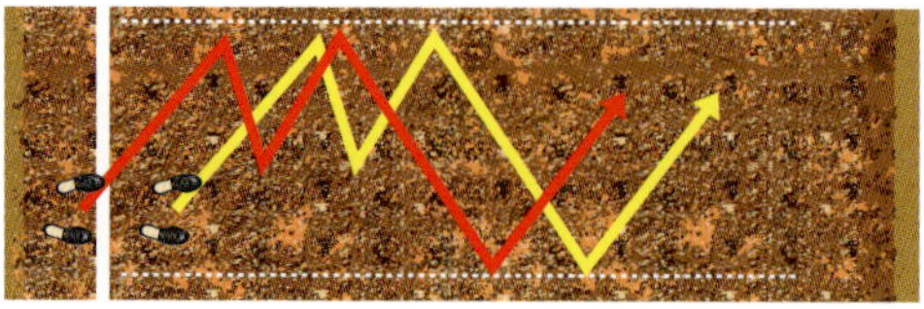

左図は前の選手の動きのケーススタディ。右・左・右・右・右・左・右などと動く。左右の動きの幅は5m程度が目安

ミラー②

● 幅５ｍ程度／60秒 ●

２人１組になって、向かい合って行う。一方の選手がランダムにサイドステップしながら左右に移動し、もう一方の選手がすばやくマネをする。

“ミラー①”と同様、相手がぎりぎりついて来られる程度の速さで動くのがポイント。

年齢や体格が同じくらいの選手をペアにするといい。

1 マネされる選手は、どちらに行くかさとられないように動く

2 マネする選手は、相手の動きに神経を集中する

3 腰を落とし、ももの内側に意識をおくと、反応しやすくなる

足の運び方

向かい合ったら1ｍ以上間隔を空ける。マネされる選手が動く範囲は左右に2〜3歩、約5ｍを目安にするといい

ミラー③

● 幅2m40cm／20カウント ●

“ミラー②”に反復横跳びを加えたトレーニング。2人1組になって向かい合って行う。一方がランダムに反復横跳びし、もう一方がその動きについていく。

実際にはかなりハードなトレーニングだが、遊び感覚でやることで、飽きずに楽しみながら敏捷性や心肺機能を高めることができる。

1 動きをマネされるほうは、ランダムに反復横跳びをする

2 マネするほうは、相手のベルトのあたりを見る

3 空いている選手が、ゆっくり20までカウントする

足の運び方

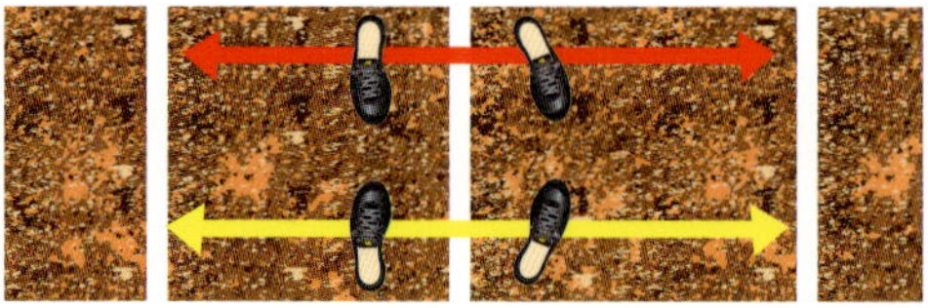

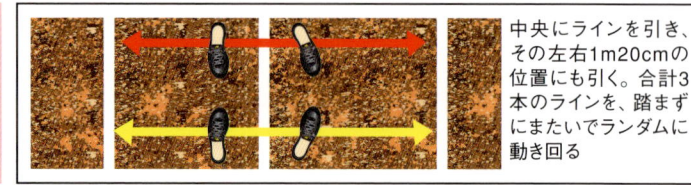

中央にラインを引き、その左右1m20cmの位置にも引く。合計3本のラインを、踏まずにまたいでランダムに動き回る

リアクションコーチ

リアクションコーチ

●1セット20回／1～2セット●

1 「向かって左へ」の指示が出たら、左側に上体をひねってすぐ元にもどす

2 「向かって左下へ」の指示が出たら、左下に上体をひねってすぐにもどす

3 フェイントをかけるなどして、ゲーム感覚でトレーニングする

コーチの指示した方向に、選手たちが呼応して瞬時にからだの向きを変えるエクササイズ。

コーチの指示する方向は右、右下、真上、左、左下の5つ。選手たちは、肩幅よりやや広めのスタンスで立ち、両腕でガッツポーズの姿勢をとる。コーチが指示した方向に反応し、すばやく上半身をひねる。

全員がコーチの動きが見える位置に散らばる

教えて立花さん!!

Q 休憩時間をはさむ目安はどれくらいですか？

休憩を兼ねた“ウォーターブレイク（水分補給）”の時間は必ずとらなければいけません。目安は、夏場で少なくとも30分に1回、冬場で1時間に1回です。5～10分程度でいいので、小刻みにはさんでください。

私が子供のころは“練習中に水を飲んではいけない”などというなんの根拠もない、むしろ命に危険を及ぼすような慣行が平気でまかりとおっていました。そうした悪習を払拭して、これからの子供たちには、楽しく伸び伸びと育っていってほしいと思います。

ラダー

ラダー①グーパー

● 2〜3回 ●

ラダーは、はしごを地面に敷いてマスの中に足を出し入れする、下半身の敏捷性を養う代表的なトレーニング。

“グーパー”は、1マス目に両足をそろえて入れ（グー）、次に軽くジャンプしながら2マス目に両足を開いて着地する（パー）。3回目はその次のマスにふたたび両足をそろえて入れる。“グー”と“パー”をくり返しながら進む。

1 “グー”の状態。両足をそろえてラダーのマスに入れる

ラダー

ラダー（はしご）は市販されているが、なければ1マス40〜50cm角で地面にラインを引いても代用できる。マスの数は最低10は用意したい

2 “パー”の状態。両足を開いてマス目の外に出す

3 “パー”からふたたび“グー”で、両足を次のマスに入れる

足の運び方

初級者（低学年）向けのラダー。リラックスした姿勢で立ち、はじめのうちはスピードを求めるより、正確に足を運ぶよう心がける

ラダー②パーチョキ

● 2〜3回 ●

1マス目に足を開いてマスの外で立ち（パー）、次のマスの中に右足で立つ（チョキ）。さらに、3マス目の外で足を開いて立ち（パー）、次のマスの中に左足で立つ（チョキ）。

開いて右、開いて左、開いて右、…とくり返しながら進む。

なれてきたら、できるだけ速い足さばきでリズミカルに進む。

1 パーの状態。ラダーのマスの外で足を開いて立つ

2 チョキの状態。マスの中で右足で立ち、左足を交差させる

3 ふたたびパーの状態。マスの外で足を開いて立つ

足の運び方

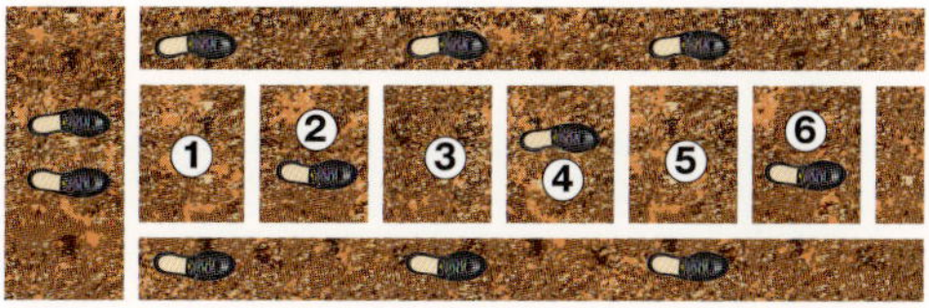

マスの中で片足で立つときは、もう片方の足のひざを曲げて、後ろで交差させる。飛び跳ねながらテンポよく進む

ラダー

ラダー③中・中・外（インシャッフル）

● 2～3回 ●

マスの中と外への足の出し入れを組み合わせたラダー。

1マス目に1歩目（右足）、2歩目（左足）の順でステップして入れ、3歩目（右足）を1マス目の外。2マス目の中に4歩目（左足）、5歩目（右足）の順でふたたびステップし、6歩目を2マス目の外に、…という順で進む。できれば、スキップを入れながら行うといい。

1 マスの中に右足をおいて、同じマスに左足を踏み入れる

2 マスの中の左足を軸にして、右足を外に向けて踏み出す

3 右足を外にしていた状態から左足を次のマスの中に入れる

足の運び方

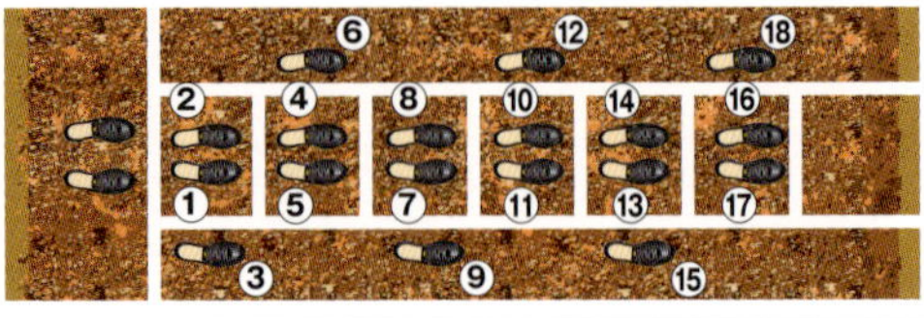

複雑になっても、足の運びをしっかり覚えて、リズムを刻むようにするとうまくいく。どんどん複雑なものに挑戦しよう

ラダー④バック中・中・外

● 2〜3回 ●

“ラダー③”を後ろ向きで進むようにしたもの。足の運びはまったく同じだが、後ろ向きのぶん、むずかしくなる。

ラダーには、ここで紹介しきれないほど数多くの種類があるが、とくにフィールディングで必要になる足の運びの練習になる。自分たちで工夫して、まったく新しいラダーの足の運びを考え出すのもいい。

1 右足でマスの中に立ち、同じマスに左足を踏み入れる

2 左足でマスの中に立ち、右足を外に出す

3 外に出した右足を軸に、左足を次のマスの中に入れる

足の運び方

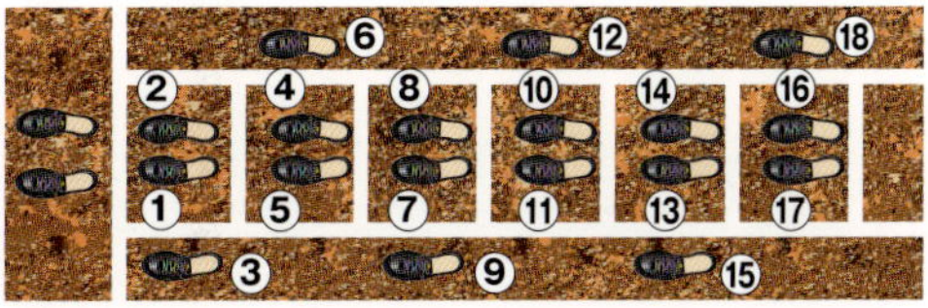

このほかにも、前向きや横向き、後ろ向きの“中・外・外”などがある。低学年は、簡単なものから挑戦するとよい

ラダー⑤横向き中・中・外

● 2〜3回 ●

横向きになって、ラダーの中に足を出し入れしていく練習。

ラダーの外に立ち、1歩目は1マス目に左足をステップして入れ、2歩目に右足をマス目に入れる。次の3歩目で左足を1マス目の外に出し、4歩目に右足を2マス目の中に入れる。

続けて5歩目の左足を2マス目の中に入れ、6歩目の右足を外に出して、…とくり返す。

1 ラダーの横に立ち、右足をマスの中に入れる。同様に左足も入れる

2 右足をマスの外に出し、左足を次のマスの中に入れる

教えて立花さん!!

Q ラダーには どんな効果がありますか？

目でとらえた情報を頭の中で整理し、実際の動作に移す能力を調整力といい、行動をスピーディにしてくれるのが運動神経です。ラダーは、その両方をあわせた能力である“俊敏性”を養ってくれる、とても効果的なエクササイズ。遊び感覚で楽しみながら、どんどんやってほしいと思います。

足の運び方

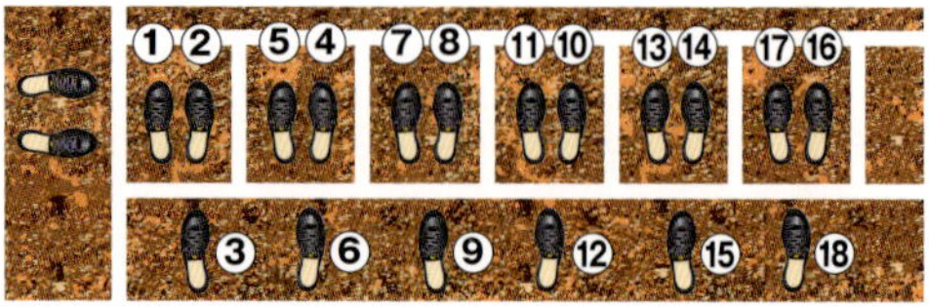

ラダーの足の運びは守備の訓練になる。たとえばこの“中・中・外”は外野手が後ろにスタートを切るときの足の運びに役立つ

ダッシュ

前転ダッシュ

15〜20m／2〜3本

前転してからすぐにダッシュ。走るだけでなく、前転を入れることで、からだの俊敏性を養うのに効果的。とくに低学年に取り入れてほしいトレーニング。

「ヨーイ、ドン！」で前転に入る

▼

後頭部を打たないように注意する

▼

前転して立ち上がったら全力疾走

プレイタグ

15〜20m／2〜3本

2人1組で行う。適当な距離をおいて、1人は一塁ベースからスタンディングスタート、1人は座った状態からスタートし、後ろの選手が前の選手にタッチする。

コーチの合図で同時にスタートする

▼

後ろの選手は、前の選手に追いつくようにダッシュ

▼

追いつくときに押すと危険なので、軽くタッチする

スタート練習

実戦さながらに、コーチがピッチャー役を務める。コーチがセットポジションの形をつくり、複数（たとえば3人1組）で、一塁側からスタートを切る。　15～20m／2～3本

コーチはセットポジションでマウンドに立つ

ホームに投げる形をつくり、スタートを切らせる

左ピッチャーに対しての練習も行う

ドロップボール

2～3回

選手が背中を向けて構え、合図で振り向きながら、コーチが落としたボールをワンバウンドで捕る。振り返ったときの瞬時の状況判断力と、敏捷性を養うのに役立つ。

背中を向けてコーチの合図を待つ

合図とともに振り返り、状況を判断する

すばやくボールに追いついて捕球する

ほかのスポーツを取り入れる

サッカー＆ポートボール

小学生の時期は、神経系がもっとも成長する。なかでも見たものを脳に伝えて理解し、判断したものを実際の動作に移す“巧緻性《こうちせい》”が伸びる時期でもある。この巧緻性は、スポーツに欠かせない神経系の能力のなかでももっとも大切な能力で、この時期を逃してしまうと後の大きな成長は望めないと思っていいだろう。

そこでトレーニングに取り入れたいのが、野球以外に多くのスポーツをこなすこと。サッカーやバスケットボール、バレーボールやポートボールなど、ほかのスポーツならなんでもいいので、日ごろの野球の練習の合間に取り入れるようにしよう。

野球だけでは磨けない脳の判断力や巧緻性を、遊び感覚で磨ける指導をしてほしい。

練習を終えたあとのサッカーは楽しい

ポートボールに夢中になる選手たち

Q&A トレーニング

Q　やわらかい筋肉と硬い筋肉があるそうですが、どうちがうのですか

A　たとえば重いダンベルで腕の筋力トレーニングをしすぎると、腕を振るための可動域を狭め筋肉を硬くしてしまいます。全可動域にくり返し負荷をかけるのが正しいトレーニングです。こうしたトレーニングとストレッチを組み合わせれば、可動域の広いやわらかい筋肉がつきやすくなります。

Q　野球選手には腹筋や背筋が大切だと聞きました。効率よく鍛えるにはどうしたらいいですか

A　たしかに投手でも野手でも、野球選手には腹筋や背筋の力が大切です。下半身のパワーを上半身に伝え、ひねりを加えてボールを速く投げるために重要な役割を果たしているからです。

ただし本格的な筋トレは、小学生には時期尚早です。軽い負荷のものならともかく、ふだんの練習では、本書で紹介しているようなトレーニングを毎日欠かさず行うほうが、よほど効果的だと思います。

Q　ピッチングでもバッティングでも「キレがある」といういい方をしますが、それはどういう意味ですか

A　「キレがある」といういい方をする場合、ほとんどは“からだの回転”を意味していると思います。投げたり打ったりする動作では、からだを速く、強く、大きく回転できていることを「キレがある」というわけです。ただし、人間のからだ、とくに上半身は回転しにくいようにできています。それなのになぜすばやく力強く回転しているかといえば、意識しなくとも骨盤が回っているからなんです。骨盤が回ることで、それにつられて背骨が次々に回転していくわけです。

キレがある状態をつくるためには、この骨盤をすばやく回転させなくてはなりませんが、そこで重要となってくるのが股関節の動きです。もも前(大腿四頭筋)を内側にひねると骨盤を押し出す力が働き、それにともなって下半身に力が加わり、すばやくからだを回転させられるのです。「キレがある」動きをつくるなら、まずは股関節をやわらかく動かすトレーニングを心がけましょう。

Q　小学5年生の息子が地元の少年野球のチームに所属していて、プロ野球の選手になるんだとがんばっています。しかし私は野球経験がないので、技術的に教えてやれそうなことはありません。親としてなにかできたらと思いますが

A　運動、栄養、休養の3つのうち、1つでも欠けたら、野球はうまくなりませんが、親の立場であればむしろ運動以外の2つの重大な要素を握っています。最大の手助けは、栄養面と休養面に注意することではないでしょうか。小学生には、技術よりもからだづくりが大切です。カルシウム、ビタミン、たんぱく質などを多めに、栄養バランスのとれたしっかりした食事を心がけましょう。

第7章

バランス感覚と筋力のトレーニング

メジャー流 軽快に動ける からだと感覚を養おう

メジャーで活躍するような選手には、共通点があります。彼らは少年時代に、成長の段階に合った適切な指導を受けていました。小学生の時期であれば“神経系”、中学生の年齢になったら“心肺系”と、それぞれの年齢で著しく発達する能力を効率的に伸ばしていたのです。

もちろん、子供には個人差があります。それぞれの成長度合いを見守りながら、適切なトレーニングを指導しましょう。

低学年のエクササイズは神経系の発達をめざして行う

入学してまもない7〜8歳くらいの時期には、さまざまなからだの使い方ができるようになってきます。また、脳からからだに指令を送る神経の伝達スピードや、頭で描いたイメージどおりにからだを動かす、“神経系”の能力が著しく発達します。そういった能力を伸ばすことが、この時期の子供たちを指導するうえでもっとも重要なポイントです。

とはいえ、ケガを予防するための筋力をつけておくことも必要です。ただし、この時期に大人のような本格的な筋力トレーニングは必要ありません。からだの動きをやわらかくダイナミックにする、インナーマッスルを刺激する程度の軽い負荷にとどめておきましょう。負荷が強くなると大きな筋肉が鍛えられてしまい、その後のからだの発達や柔軟性に支障が起きるため、おすすめできません。

高学年のエクササイズは反射神経と瞬発力を身につける

小学校の高学年は、心身ともに驚くほど成長する時期で、低学年から持続して“神経系”が伸びます。「反射神経と瞬発力は12歳までに決まる」と断言している野球の指導者もいるほどで、この時期を逃すと、それらの能力を鍛えるのがむずかしくなります。同時に“心肺系”も伸びる時期に差しかかってきますが、本格的な筋力をつけるには時期尚早。子供の成長の特性を理解した練習をメニューに加味するのが望ましいでしょう。

将来、高度な技術を身につける段階になって伸び悩まないよう、この時期に“反射神経”と“瞬発力”に磨きをかけておきましょう。

トレーニングメニュー

バランスビームエクササイズ

片足閉眼立ち

低学年

●1回●

立っているほうのひざに、上げた足のつま先をつけるようにすると安定する。小学生は、バランス感覚を身につけるのにもっとも適した時期。この段階でその能力を伸ばしておくようにする

“バランスビームエクササイズ”とは、平均台を使ったバランス感覚を養う運動のこと。平均台がなければ、同様のサイズの木材を代用するか、床や地面に線を引いてもいい。

最初に、両腕を左右に伸ばし目を閉じて片足で立つ“片足閉眼立ち”を行う。何秒立っていられるかを計り、毎回、記録を伸ばすように指導する。ゲーム感覚でやると楽しめる。

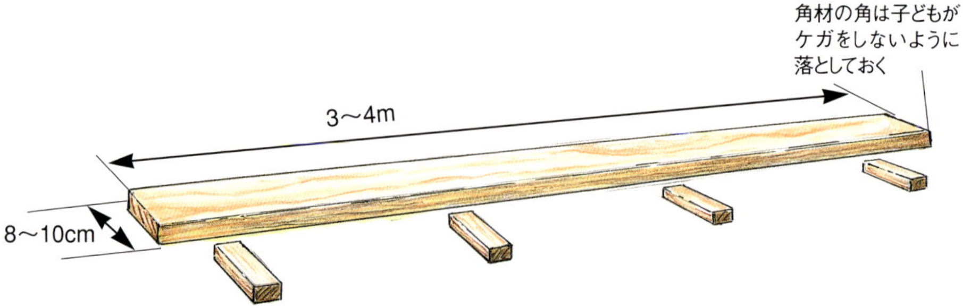
角材の角は子どもがケガをしないように落としておく
3～4m
8～10cm

バランスビームは幅8～10cm、長さ3～4mの平均台。自作するなら角材がしならないように台座をつけて安定させるといい

バランスビームウォーク ●2〜3回●

低学年

背すじをまっすぐにして、両手を肩の高さまで左右に上げて立ち、踏み出した足のつま先にもう一方の足のかかとをくっつけるようにしながら1歩ずつ進む。足元を見ないで、目線は真正面に保つようにする。

背すじを伸ばし、ひざを曲げないようにしながら1歩ずつゆっくり進む。常に正面を見る

左右に広げた両腕でバランスを保ちながら進むとよい。急がず、ゆっくり進む

バランスビームウォーク(閉眼)

●2〜3回●

低学年

目を閉じたまま平均台から落下すると危険なので、落ちそうになったら必ず目を開ける

目を閉じて進む"バランスビームウォーク"。まっすぐ立って両手を左右に肩の高さまで上げ、踏み出した足のつま先にもう一方のかかとをくっつけるように1歩ずつ進む。目を閉じているので、平衡感覚を養う効果が高い。

教えて立花さん!!

Q バランスビームは野球のどんな要素に役立ちますか?

バランス感覚を磨くものなので、野球ではとくにピッチングやスローイング、バッティングのフォームを安定させるのに効果があります。

小学生はバランス感覚の伸び盛りなので、頻繁に行うとよいでしょう。

バランスビームエクササイズ

バックウォーク

低学年

　まっすぐ立って両手を左右に肩の高さまで上げ、踏み出した足のかかとにつま先をくっつけるように、1歩ずつゆっくり後方に進む。バランスが取りにくいので、目を開けて足元を見ながらやる。

● 2～3回 ●

手をうまく使ってバランスを保つ

足裏全体でしっかり立つようにすると安定する

サイドステップ

低学年

　ゴロを捕る形をつくりながら、横向きに進む。腰を下ろしたときにバランスを崩しやすいので、もも(大腿筋)やふくらはぎ(下腿二頭筋)の筋力アップになる。スクワット(ひざの屈伸運動)を取り入れたトレーニング。

● 2～3回 ●

横向きにまっすぐ立った状態からゴロを捕る体勢をつくりながら進む

Side View

もっとも不安定になる状態。バランス感覚が磨かれる

レッグスイング

低学年

● 2～3回 ●

両手を肩の高さまで上げ、片足を前後に振りながら進む。できるだけ足を高く上げる。バランス感覚のほか、もも前(大腿筋)やふくらはぎ(下腿二頭筋)の筋力アップになる。

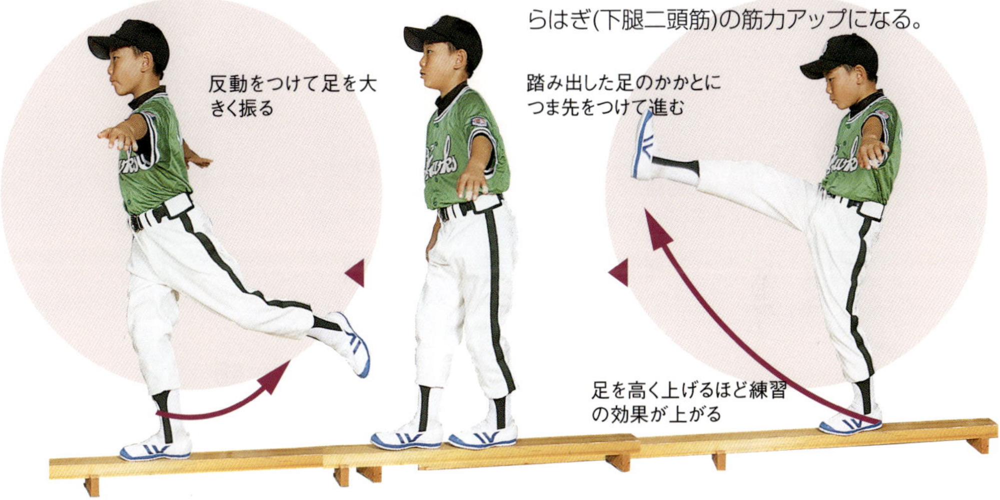
反動をつけて足を大きく振る
踏み出した足のかかとにつま先をつけて進む
足を高く上げるほど練習の効果が上がる

サイドレッグスイング

低学年

● 2～3回 ●

できるだけ高く足を上げる
踏み出したほうの足を振るようにする
足を左右に交差させるように振る

まっすぐ立って両手を左右に肩の高さまで上げ、片足を左右に振りながら進む。目線を水平に保ち、足を大きく振るのがポイント。落ちそうになっても落ちないように耐えることで、より高いトレーニング効果が得られる。

バランスビームエクササイズ

ランジ

● 2〜3回 ●

低学年

平均台の上を進みながら行う"ランジ"。まっすぐ立って両手を左右に肩の高さまで上げた状態で、前に足を大きく踏み出してから、前足のひざを折りながらゆっくり腰を下ろす。後ろ足のひざがついたら立ち上がる。

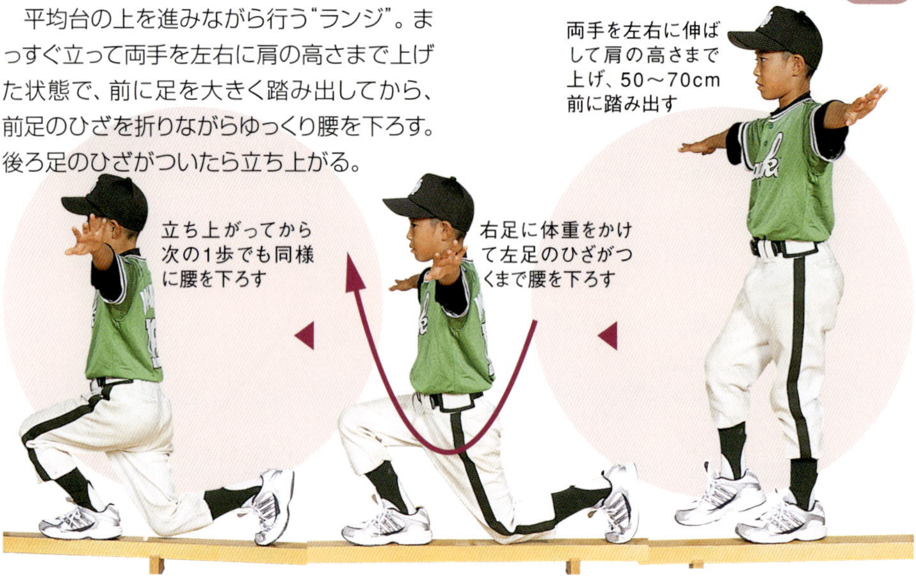
両手を左右に伸ばして肩の高さまで上げ、50〜70cm前に踏み出す
右足に体重をかけて左足のひざがつくまで腰を下ろす
立ち上がってから次の1歩でも同様に腰を下ろす

セルフトス

● 2〜3回 ●

低学年

バランス感覚の伸び盛りなので、トレーニングを重ねるごとにますます楽しめ、どんどんうまくなる

利き腕でボールを空中にトスしながら進む。下半身の動きに上半身の動きが加わるので、よりむずかしくなる。複雑な動作の習得力が高まっているこの年齢で行ってこそ、高い効果が望めるトレーニング。

余裕が出てきたら、トスするボールをどんどん高くしていくといい

バランスボードエクササイズ

バランスボード

● 5〜10トライ ●

不安定なボードの上でバランスをとりながら立つエクササイズ。“片足閉眼立ち”と同様、どれくらいのバランス感覚があるかを推測する目安になる。子供たち同士でどれくらい立っているかを競い合いながら記録をとると楽しめる。

低学年

高学年

並んで行うときは、危険を避けるために間隔をおくこと。足を広げ、サーフィンをするイメージで立つ。ゲーム感覚でやると楽しくできる

バランスボードのつくり方

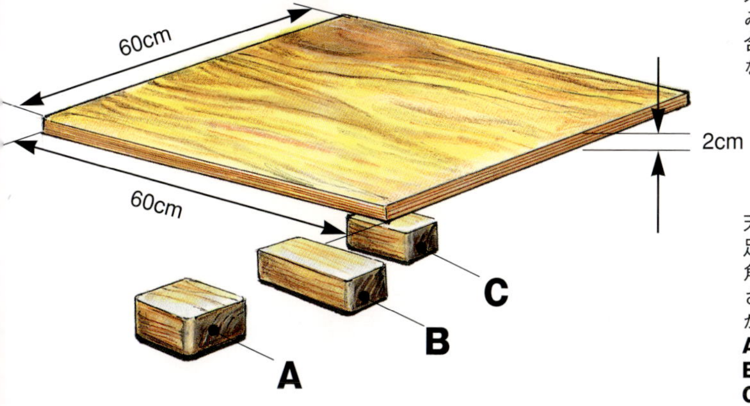

天板は60×60cm程度で、厚みが2cmくらいのしっかりした合板を使用。子供がケガしないように角を落としておく

天板の中心に木ねじなどで足を固定する。床に接地する角は落としておく。足の大きさで難易度が変わる。面積が狭いほどむずかしい

A……10×10cm、高さ5cm
B……15×5cm、高さ5cm
C……10×5cm、高さ5cm

バランスディスクエクササイズ

ダブルディスクスクワット

2つのバランスディスクの上に立ち、背すじを伸ばしたまま腰を上下するひざの屈伸運動。バランス感覚を磨けるほか、下半身や腹筋などの筋力アップにもなる。高学年はペットボトルを両手に持って行うといい。

● 20～30回 ●

低学年

高学年

バランスディスクに乗るときは、片足ずつ足を乗せる。バランスを崩さないようにまっすぐ立ってから、腰を下ろしていく

要注意

転倒してケガをするおそれがある。低学年にはとくに注意し、倒れないように、コーチが背後でサポートする

シングルディスクスクワット

1つのバランスディスクの上で行うひざの屈伸運動。"ダブルディスクスクワット"に比べるとはるかにバランスがとりにくく、立っているだけでも腹筋などの筋力アップに効果がある。

● 20～30回 ●

低学年

高学年

ディスクを1つにしてスクワット。倒れると危険なので、コーチが必ずサポートする

もも前(大腿四頭筋)、ふくらはぎ(下腿二頭筋)、おしり(大臀筋)、腹筋にかなり高い効果がある

ダブルディスクヒップエレベーション

2つのバランスディスクの上に、それぞれ足を乗せて仰向けになり、ひざを立てた状態でバランスを保ちながらおしりを上下させる。

不安定になることで、下半身のバランス感覚を養えるほか、もも前(大腿四頭筋)、もも裏(大腿二頭筋)、ふくらはぎ(下腿二頭筋)、腹筋などの強化にも効果がある。

● 20〜30回 ●

低学年

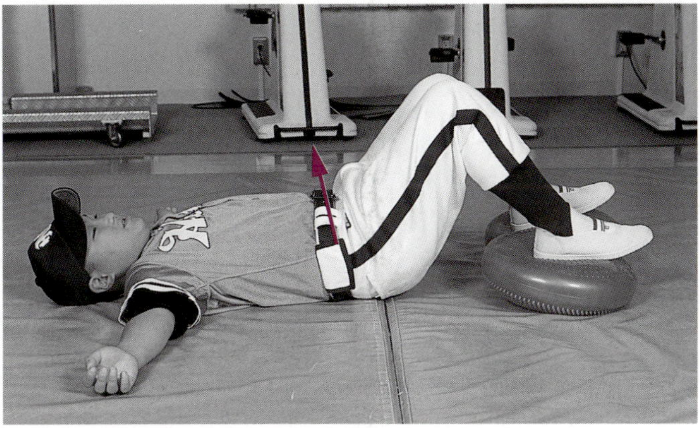

バランスディスク

不安定なディスクに乗ることで、倒れそうになるからだを支えようとしたぶん、使われにくい筋肉に働きかけるトレーニングツール。大きさは直径30〜40cmほどで、表面に凹凸があるため素足で立つとマッサージ効果も得られる

シングルディスクヒップエレベーション

1つのバランスディスクの上に両足を乗せて行う“ヒップエレベーション”。バランスディスク2つを使って行うよりもかなり不安定なので、そのぶん効果も高い。ひざが開かないよう注意する。

● 左右15〜20回 ●

低学年

両ひざが開いてがにまたになりがちなので、最初はコーチがひざを支えてやるといい

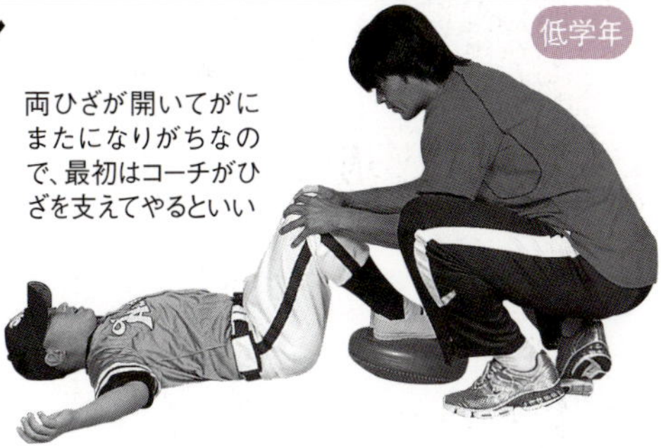

低学年にはハードなトレーニングなので、回数にこだわらなくて構わない

高学年

高学年は片足で行うシングルヒップエレベーションに挑戦してみるといい

バランスディスクエクササイズ

ディスクスプリットスクワット

高学年

バランスディスク2つを歩幅程度におき、それぞれに足を乗せた状態で、しっかり胸を張って立ってから行うひざの屈伸運動。ペットボトルを両手に持ちながら行うと効果が高い。バランスを崩しやすいので、コーチが必ずサポートする。

● 左右15〜20回 ●

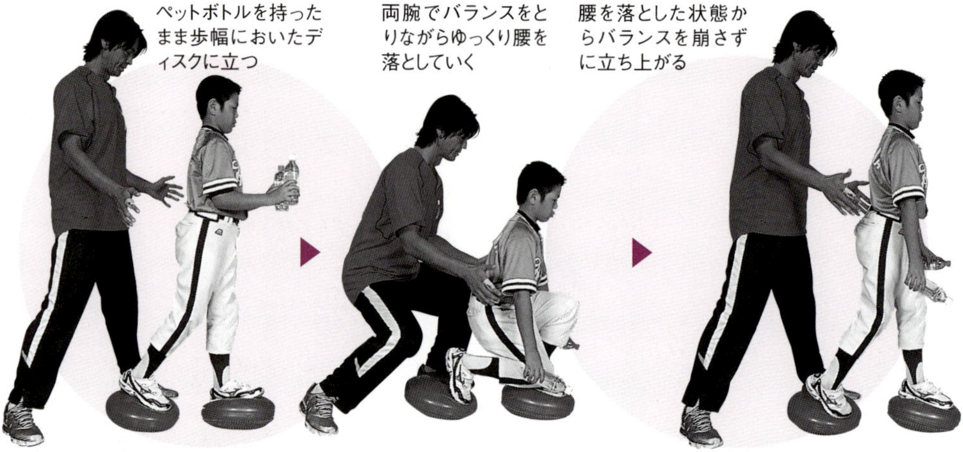
ペットボトルを持ったまま歩幅においたディスクに立つ
両腕でバランスをとりながらゆっくり腰を落としていく
腰を落とした状態からバランスを崩さずに立ち上がる

ディスクひざつき腕立て伏せ

高学年

2つのバランスディスクを使った腕立て伏せ。ひざを着いた状態で行う。

不安定な状態のため、ふつうの腕立て伏せで使われる筋肉に加えて、さまざまな筋肉も働かせられるメリットがある。体幹を安定させる効果が高い。

● 15〜20回 ●

つま先で支えると負荷が大きすぎるので、ひざを着いて行う

矢印エクササイズ

矢印体操

低学年

メトロノームの音に合わせて、ボードに書かれた矢印を目で追いながら読み上げ、矢印の方向に両手を指し示す運動。

左上の矢印から、右に順に読み上げながら進む。

● 30秒 ●

メトロノームのスピードは、選手がまちがえないでできる範囲のスピードにとどめること(目安は1秒弱)。

メトロノームがない場合は、コーチが後ろで手を叩いてもよい。

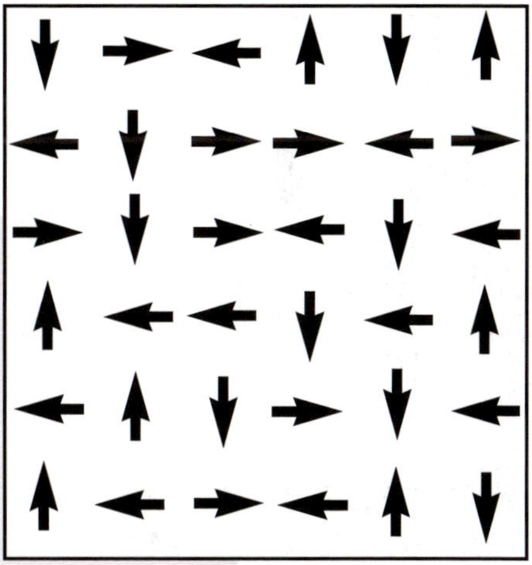

矢印を横・縦6列に矢印をランダムに並べたボードをつくる。矢印の長さは2cmくらいが目安。選手はボードから1～2m離れて立つ

バリエーション

なれてきたら、矢印の方向を読みながら、両腕をその正反対に動かしたり、矢印の方向の反対を読みながら進めたりするとむずかしくなる

バランスボールエクササイズ

腹筋

高学年

バランスボールの上に浅く腰かけ仰向けになり、両足で踏ん張りながら行う腹筋運動。両ひざが開いたり、腰や足の位置が前後にぶれたりしないようにする。ボールに座り、骨盤が不安定になったぶん、床の上で行う腹筋よりも、バランスを磨く効果が高い。

● 15～20回 ●

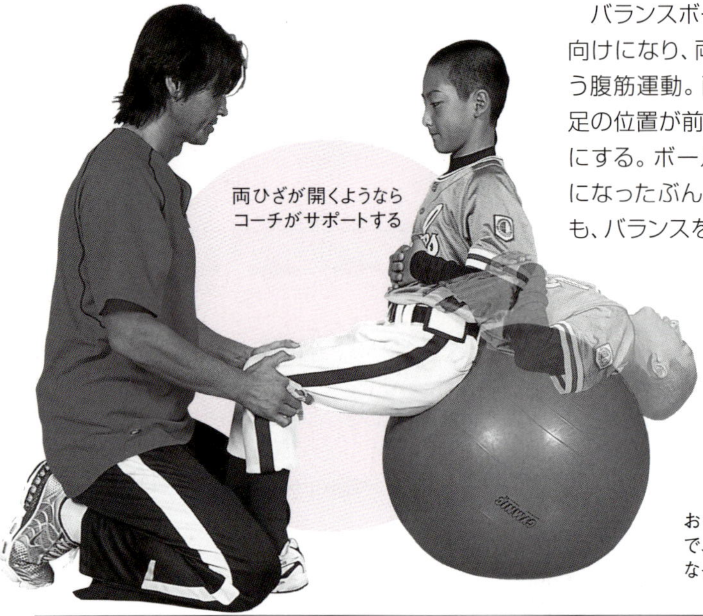
両ひざが開くようなら
コーチがサポートする

おなかの上で手を組んだ状態で、上半身を起こしたり仰向けになったりする

背筋

高学年

● 15～20回 ●

バランスボールの上にうつ伏せになって行う背筋運動。指導者やチームメイトに足元を支えてもらいながら足を突っ張り、上体を上下させる。不安定なので、腰や背中全体の筋肉に効果がある。1人でやるときは、足を開いておくとやりやすい。

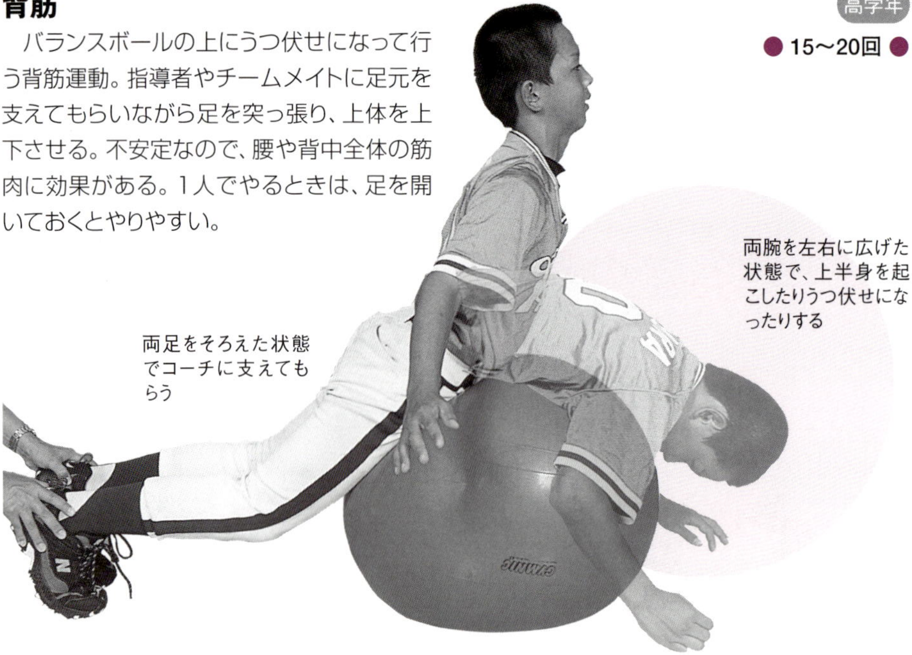
両足をそろえた状態でコーチに支えてもらう
両腕を左右に広げた状態で、上半身を起こしたりうつ伏せになったりする

カール

高学年

● 15〜20回 ●

仰向けになった状態で両手を床に広げ、バランスボールに足を乗せる。そのまま肩と足を支点に腰を浮かせて、かかとでボールを引きつける。

もも裏(大腿二頭筋)やおなか、足など、下半身の強化に効果がある。

ひざを伸ばした状態
から太ももを手前に
引き寄せる
床に後頭部をしっかり着けて、まっすぐ上を見る

石渡りエクササイズ

石渡り

低学年

川面に突き出た石に見立てた突起物の上を、バランスを保ちながら歩く。

土踏まずで突起を包むようにして足を乗せるとやりやすい。

● 3〜5回 ●

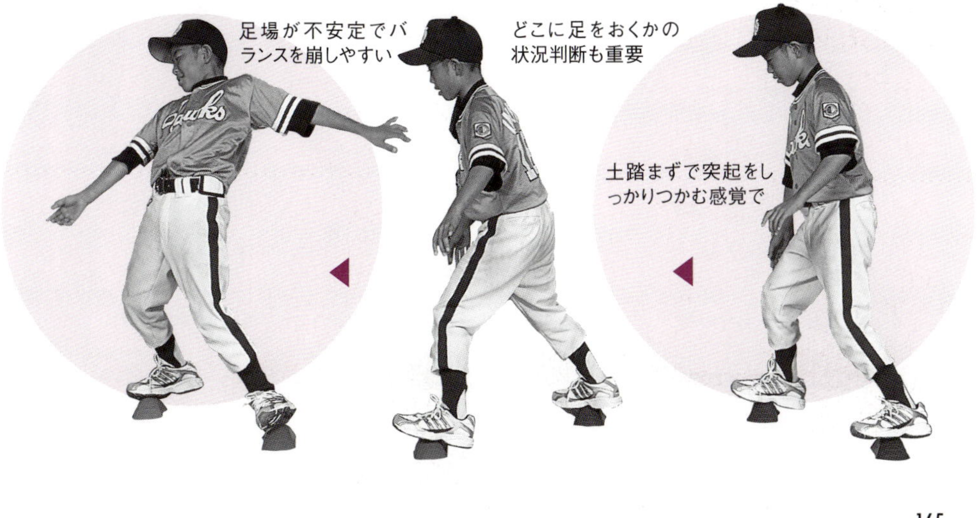
足場が不安定でバランスを崩しやすい
どこに足をおくかの状況判断も重要
土踏まずで突起をしっかりつかむ感覚で

マットエクササイズ

手足クロス上げ

低学年　高学年

● 左右各15回 ●

左手と右足を浮かせ、背中を丸めた状態からスタート

左手と右足を地面と水平に伸ばし「1、2、3!」と姿勢をキープ

回数を終えたら次に右手と左足で同じことをやってみよう

四つんばいで背すじを丸め、対角の手足(左手なら右足)を浮かせた状態から水平に伸ばし「1、2、3!」のかけ声で3秒止める。朝起きて伸びをするイメージで行うといい。背筋とバランス力をつけるのに効果がある。

タワー

● 20〜30回 ●

ひざを立てて仰向けになる。動いてもひざが開かないようにパートナーに足で押さえてもらいながら、差し出された手の方向に上体を起こして両手でタッチする。

腹筋とバランス力の向上に効果がある。

パートナーはランダムに、適当な高さまで両手を左右に差し出し、タッチする方向を示す

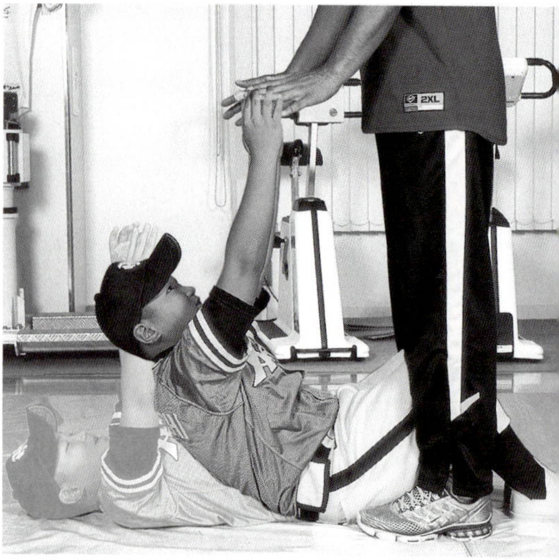

仰向けに背中を着けた状態から、腹筋を使ってコーチの両手に両手でタッチする

X腹筋

高学年

仰向けにXの形になるように大の字に寝た状態から、左右の手足を対角（右手と左足、左手と右足）にからだの中心まで引き寄せて、ひじとひざを軽くタッチさせる。

バランス感覚を養いながら、もも前(大腿四頭筋)と腹筋を強化する効果がある。

● 左右各12～20回 ●

仰向けになって、Xになるように大の字に寝る

右ひじと左ひざを、からだの中心でタッチさせる

オープンスクワット

● 10～30回 ●

両手を胸の前で組んで、つま先を180度まで開いて立ち、しゃがんだり立ち上がったりするひざの屈伸運動。ひざの角度が90度になるまで曲げるのがポイント。股関節のスクワット感(ひざの屈伸)が得られるようにする。

低学年　高学年

まっすぐ立って両手を胸の前で組み、つま先を180度に開く

ひざが90度くらいになるまで曲げ、腰を落とす

マットエクササイズ

レッグランジ

低学年

● 左右各10回 ●

後ろ足のかかとが上がるまで踏み出し、その足に体重を乗せてひざを曲げる

足をそろえてまっすぐ立ち、両手を胸の前でクロスさせる

胸の前で両手を交差させてまっすぐ立ち、片方の足を大きく前に踏み出しながら腰を深く落としていく。

踏み出した前足に体重を乗せるようにし、後ろ足のひざをできるだけ曲げないようにするといい。

ランジ&ターン

低学年

● 10往復 ●

胸の前で、両手をクロスさせ、大きく足を開いて立つ

右側に踏み出すときは、右足の股関節を内側に曲げる感覚で

左側に踏み出すときは、左足の股関節を内側に曲げる感覚で

胸の前で両手を交差させた状態で足を大きく開いて立ち、左右に方向転換しつつ踏み出して腰を落とす“レッグランジ”。股関節をしっかり内側に曲げてスクワット感(ひざの屈伸)を得られるようにするといい。左右1セットで、1回往復するごとにカウントする。

スーパーマン

低学年

● 3秒キープ／15～20回 ●

うつ伏せになって手足をXの形に伸ばし、おなかを支点にして両手足を上げる。両手の親指と両足の裏を上に向けるのがポイント。

上げた状態で3秒間キープする。

X字の形で床にうつ伏せになる

▼

おなかを支点にして両手両足を同時に上げる

ハードル

低学年

● 左右各15～20回 ●

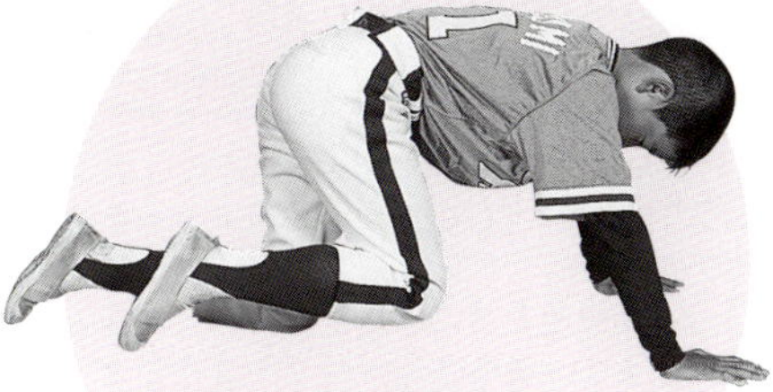

四つんばいの状態で右足を上げはじめる

▶

右ひざを曲げたまま高く上げる

▼

右ひざを横から胸の前に引き寄せながら着地

四つんばいになり、片足を上げてハードルを越える形で股関節を回す。最近の子供は股関節を使うことが少ないので、トレーニングのメニューに必ず取り入れたい。

マットエクササイズ

カーフレイズ（かかと上げ）

低学年　高学年

● 3秒キープ／30回 ●

背すじを伸ばし両手を抱え、両足をそろえてまっすぐ立つ

▶

その場でかかとを上げてつま先で立ち、3秒間キープする

胸の前で両手を交差させてまっすぐ立ち、その場でかかとを上げてバランスを保ちながら3秒間キープしたら、ゆっくり下ろす。

バランス感覚を磨き、ふくらはぎ（下腿二頭筋）も強化できる。

タオルつかみ

低学年　高学年

● 20〜30回 ●

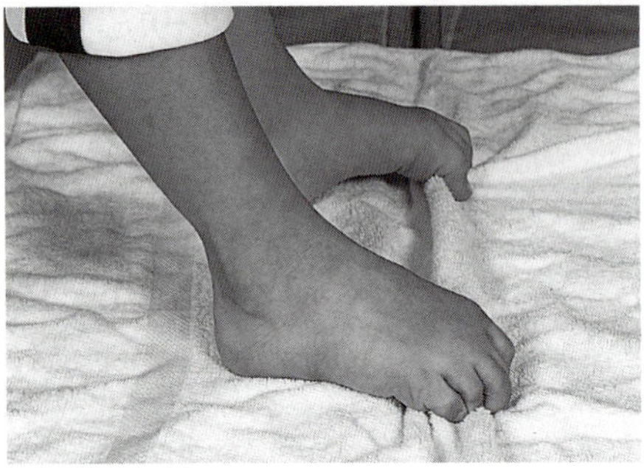

足の指を内側に丸めるようにしてタオルをつかむ

椅子に座り、はだしになって指先だけでタオルをつかむ運動。かかとだけで立っている子供が増え、足の指を使うことが極端に少なくなっている傾向が強いため、ぜひ取り入れたい。動き出しをすばやくする効果がある。

教えて立花さん!!

Q　タオルつかみはどんな役に立つ？

足の指が使えている選手は、親指の付け根と小指の付け根、そしてかかとの3点で立っているので、「よーい、ドン！」でスタートしたときも、すばやく体重を前に移動できます。ところがうまく使えない選手は、かかとの1点で立っているような状態なので、かかとから親指側にいったん体重移動してからでないとスタートが切れず、そのぶん遅れてしまいます。さらに悪いことに、偏平足になると、土踏まずで吸収されるはずの衝撃が直接ひざなどに伝わり、ケガをしやすいのです。足の指がうまく使えることで足裏に「アーチ」ができ、地面からの衝撃がやわらぎます。偏平足の多い現代の子供にとって“タオルつかみ”はとても効果的です。

椅子エクササイズ

内また運動

低学年　高学年

椅子に座った状態から、ひざをくっつけたまま足先だけを左右に開き、もっとも開いた状態で3秒間静止する。ももの内側(内転筋)やもも前(大腿四頭筋)、おしり(大臀筋)などの強化になる。

● 3秒静止／15〜20回 ●

高めの椅子に座り、手のひらを下に向けももを乗せる

ひざをくっつけたまま、足先だけを左右に限界まで広げる

ボールはさみ

低学年　高学年

● 5秒キープ／20回 ●

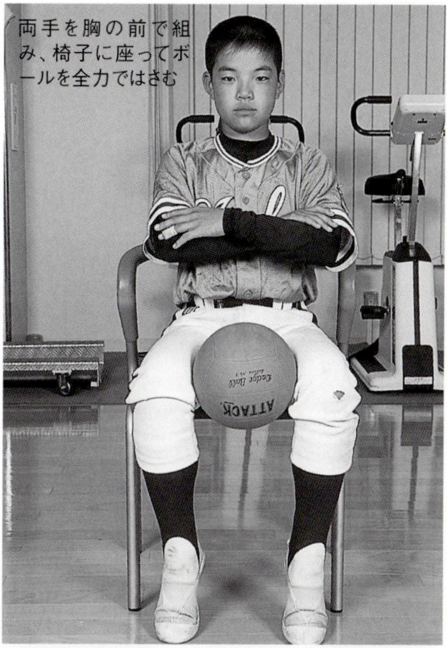

両手を胸の前で組み、椅子に座ってボールを全力ではさむ

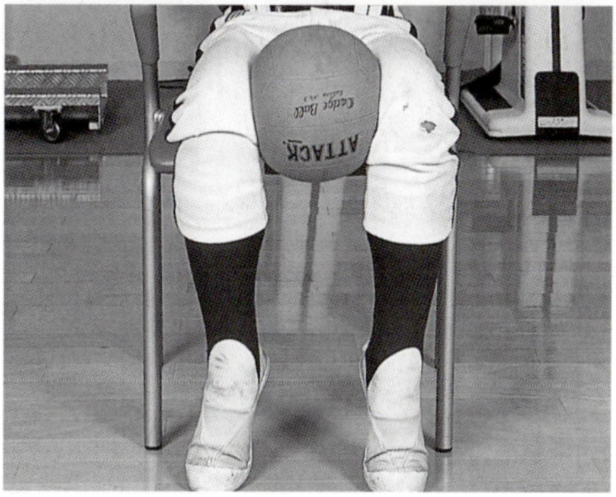

正面を向いた状態で椅子に座って両手を胸の前で組み、ひざのあいだにドッジボールやバレーボールを5秒間全力ではさむ。

もも前(大腿四頭筋)やおしり(大臀筋)などの強化になる。

チューブエクササイズ

●軽めの負荷を意識する
●低学年は弱いゴムで代用

外旋

高学年

小さく「前ならえ」した状態で左手を脇腹に添え、右手のひじをそこに固定した状態でチューブを外側にゆっくり引く。チューブエクササイズでは、高学年は市販の一番弱いチューブ、低学年はさらに弱い輪ゴムなどで代用する。広背筋などの強化になる。

● 左右各20回 ●

口から息を吐きながら引き、鼻から息を吸いながらゆっくりもどす。引っ張った状態からはじめると負荷が強くなってしまいがちになるので注意しよう

▶

外旋でのひじの可動範囲は、正面から見て、内側60度、外側30度の計90度程度にとどめる

内旋

高学年

小さく「前ならえ」した状態で立ち、右手のひらを左側の脇腹に添え、左手のひじをそこに固定した状態でチューブを内側に引く。

口から息を吐きながら引き、鼻から吸いながらゆっくりもどす。投球でのひねり動作の習得と大胸筋の強化につながる。

● 左右各20回 ●

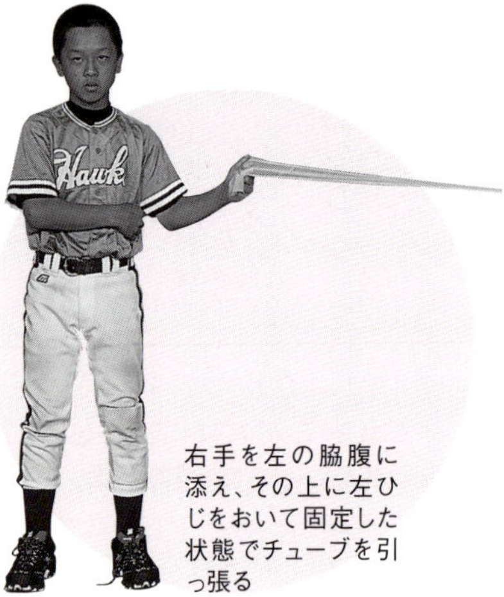

右手を左の脇腹に添え、その上に左ひじをおいて固定した状態でチューブを引っ張る

▶

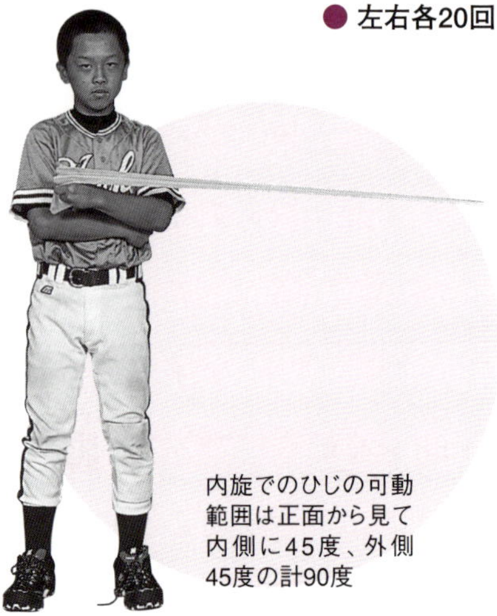

内旋でのひじの可動範囲は正面から見て内側に45度、外側45度の計90度

斜外転

高学年

足を少し開き、左足でチューブを踏んで立ち、右手でチューブをつかむ。ひじを伸ばしたまま肩と水平になるまで引く。

息を、口から吐きながら引き、鼻から吸いながらできるだけゆっくりもどす。

● 左右各20回 ●

右手でチューブをつかんだら、手の甲を上に向け、ひじをまっすぐ伸ばした状態で肩の高さまで引く

右手を上げるのは真横ではなく少し前。右手でチューブをつかんだら、左足でチューブを固定する

カール

高学年

● 左右各30回 ●

手の甲を上に向けてひじをまっすぐ伸ばしたところから、ひじを支点にして、手首を内側にひねりながら引く

固定したチューブの方向にまっすぐ背すじを伸ばして立ち、姿勢は最後まで崩さないようにする

柱などに固定したチューブの一方の端を右手の甲を上にしてつかみ、ひじの位置を変えずに手首を手前にひねりながら引く。息を、口から吐きながら引き、鼻から吸いながらゆっくりもどす。

空いた左手でひじを固定するといい。

チューブエクササイズ

●軽めの負荷を意識する
●低学年は弱いゴムで代用

プレス

高学年

固定したチューブに背中を向けてまっすぐ立ち、ひじを固定したまま左手でチューブをつかむ。次に、左手のひらを顔のほうに向けた状態から引きはじめ、手首を外側に向けてひねりながら、ひじを伸ばしていく。呼吸の仕方はほかと同じ。投球動作に役立つ。

● 左右各30〜50回 ●

チューブを背負うようにして立ち、左腕を右手で固定する。左手のひらを顔側に向けて引きはじめる

手首をひねりながら、手のひらを外側に向けるようにして引き、ひじをしっかり伸ばしきる

リストカール

高学年

右ひざを立ててチューブを足で固定したら、チューブをつかんだ右手のひらを上に向けた状態で、手首の位置を変えずに手前に引く。口で息を吐きながら引き、鼻で吸いながらもどすのはほかと同じ。スナップが強化できる。

● 左右各30〜50回 ●

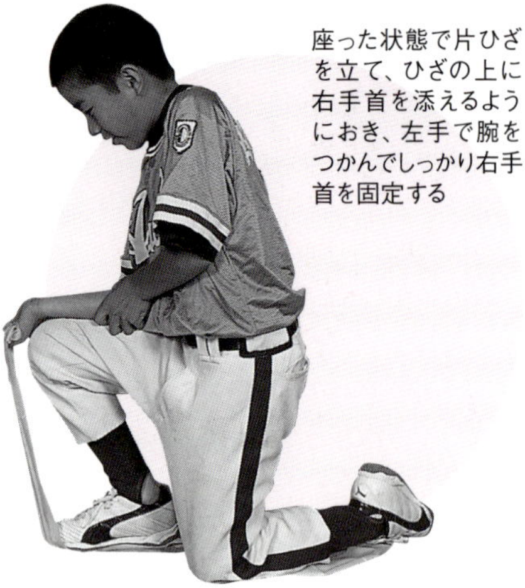

座った状態で片ひざを立て、ひざの上に右手首を添えるようにおき、左手で腕をつかんでしっかり右手首を固定する

チューブをつかんだ右手のひらが上を向くように手首をしっかり固定し、息を吐きながらチューブを手前に引く

リストエクステンション（伸展）

高学年

右ひざを立ててチューブの端を足で固定したら、手のひらを下に向けた状態でチューブをつかみ、手首の位置を変えずに手前に引く。口で息を吐きながら引き、鼻で吸いながらもどすのはほかと同じ。空いた左手で右手首を固定するといい。手首が強くなる。

● 左右各30～50回 ●

右手でチューブをつかんだら、手首がぐらつかないように左手を添えてしっかり固定する

▶

手の甲を上に向けた状態で、右手でチューブをつかみ、限界まで手首を手前に引く

とう屈（伸展）

高学年

右ひざを立ててチューブの端を足で固定したら、右手首をひざに乗せ、手の親指が上を向くようにしてチューブを引く。口で息を吐きながら引き、鼻で吸いながらもどすのはほかと同じ。手首がぐらつかないように空いた左手で支えるといい。

● 左右各30～50回 ●

右手首を立てたら、小指を床のほうに曲げた状態から、息を吐きながらゆっくりチューブを引く

▶

右手の親指のほうに限界までチューブを引き寄せたら、息を吐きながらゆっくりもどす

チューブエクササイズ

●軽めの負荷を意識する
●低学年は弱いゴムで代用

尺屈

高学年

立てひざになって背中の後ろでチューブをつかみ、もう一方の手を立てたほうのひざに乗せてチューブの片側をつかむ。次に、親指が上を向くような角度で手のひらを立て、手首だけで引く。口で息を吐きながら引き、鼻で吸いながらもどすのはほかと同じ。

右手首を立てた状態から、息を吐きながら上から下に引いて、吸いながらもどす

● 左右各30～50回 ●

外ひねり

高学年

右ひざを立てたら、片方の手のひらが下を向くようにチューブの端をつかむ。左手を太ももに添えるようにしてチューブの端をつかんで固定し、手のひらが上になるようにひねる。口で息を吐きながら引き、鼻で息を吸いながらもどすのはほかと同じ。

● 左右30～50回 ●

右ひざを立てたら、右ひざの上に右手のひらが下になるようにしっかり手首を固定する

左手でチューブを固定したら、右手のひらが上を向くようにひねり、チューブを引っ張る

内ひねり

高学年

柱などに固定したチューブの一方の端を、手のひらが上になるようにつかむ。もう一方の手でひじを固定したまま手のひらが下を向くようにひねる。息を吐きながら引き、吸いながらゆっくりもどすのはほかと同じ。ボールを投げるときのひねる動作に役立つ。

● 左右各30〜50回 ●

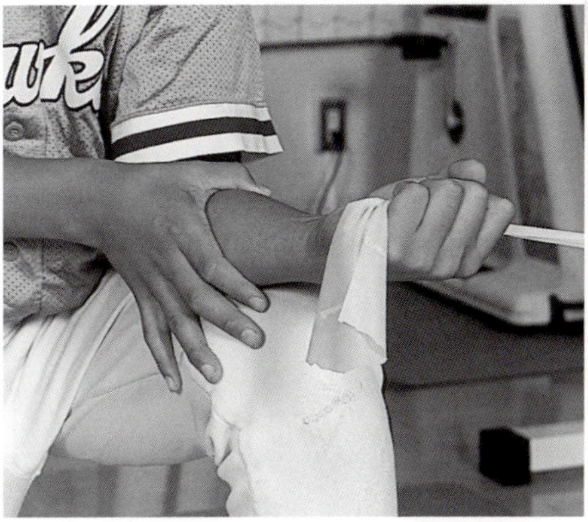

左ひざの上に左手のひらが上を向くように乗せたら、ぐらつかないように右手で支える

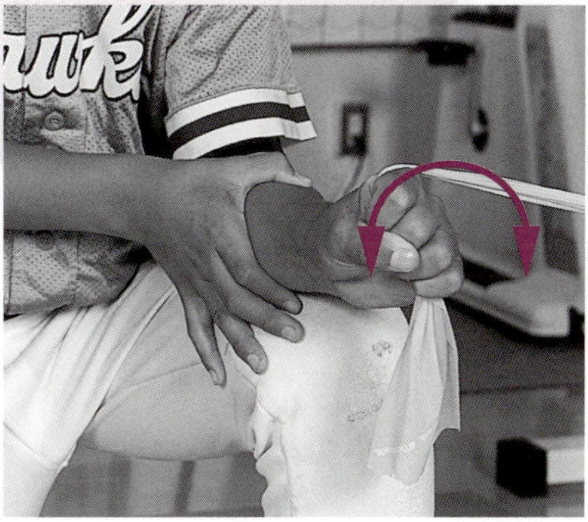

左手のひらを下に向けるようにひねりながら、チューブを引く

グリップ

高学年

右腕を左手で固定しながら、指先でチューブを引っかける。手首を曲げないようにし、握るようにしながらチューブを引く。息を吐きながら引き、吸いながらゆっくり元にもどすのはほかと同じ。ひじの内側の強化になる。

握力の強化に役立つ。

● 左右各30〜50回 ●

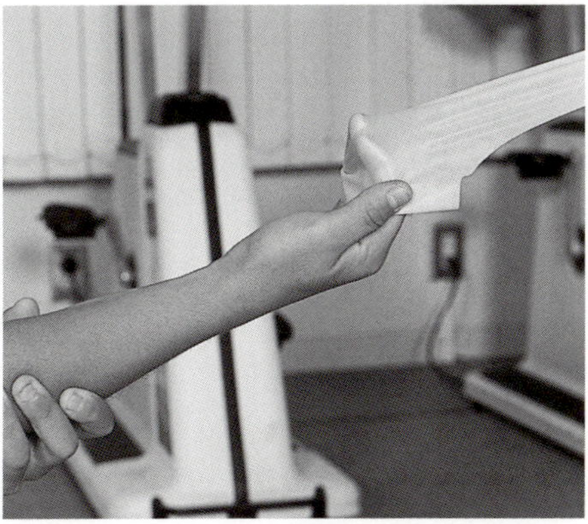

左手で腕を固定し、右手の4本の指でチューブを引っかける

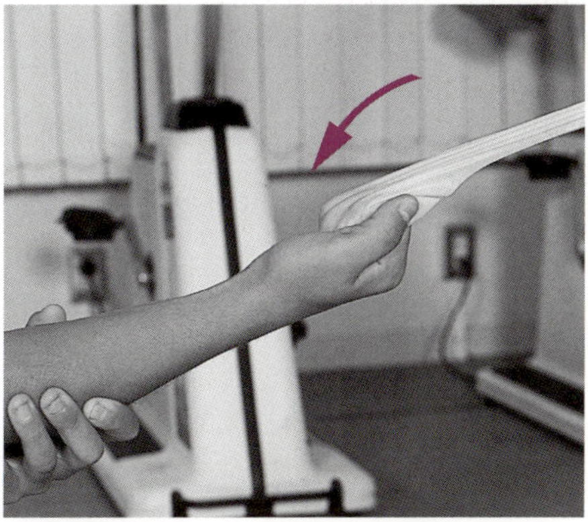

手首を動かさないようにして、指だけでチューブを引くようにする

チューブエクササイズ

●軽めの負荷を意識する
●低学年は弱いゴムで代用

トゥレイズ

高学年

● 左右各30回 ●

両手を着き長座した状態で足を組み、一方のつま先にチューブを引っかける。足首を伸ばした状態から限界まで手前に反らせる。

ふだんあまり使われない、すね(前けい骨筋)を強化する効果がある。

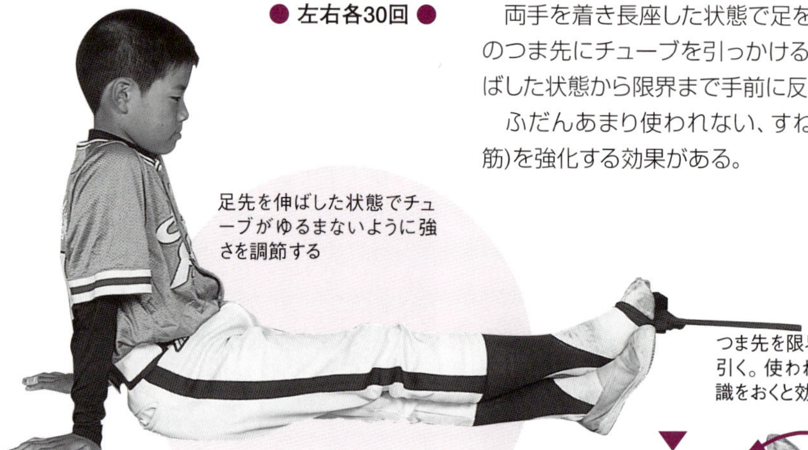
足先を伸ばした状態でチューブがゆるまないように強さを調節する

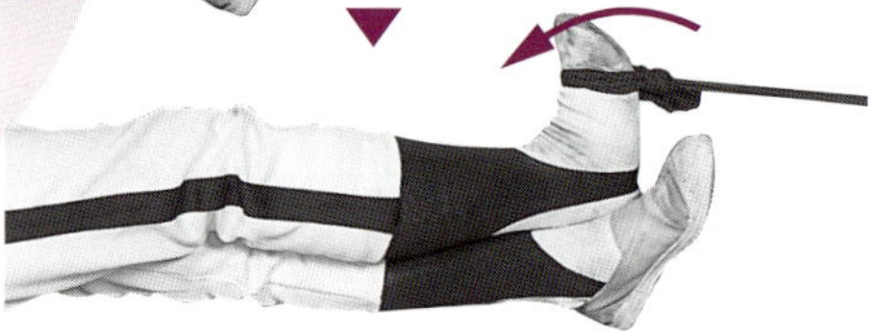
つま先を限界まで手前に引く。使われる筋肉に意識をおくと効果が高まる

肩甲骨出し

高学年

正座した状態で、前に伸ばした右手でチューブの端をつかみ、背中越しに左手でもう一方の端をつかむ。右手を肩の高さで水平に保ちながら、肩甲骨を前後に動かす。

投げる動作のポイントとなる肩甲骨まわりを、やわらかくし強化する効果がある。

● 左右各30回 ●

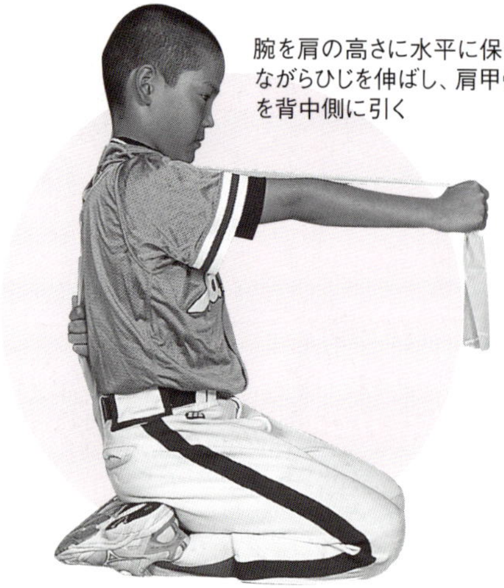
腕を肩の高さに水平に保ちながらひじを伸ばし、肩甲骨を背中側に引く

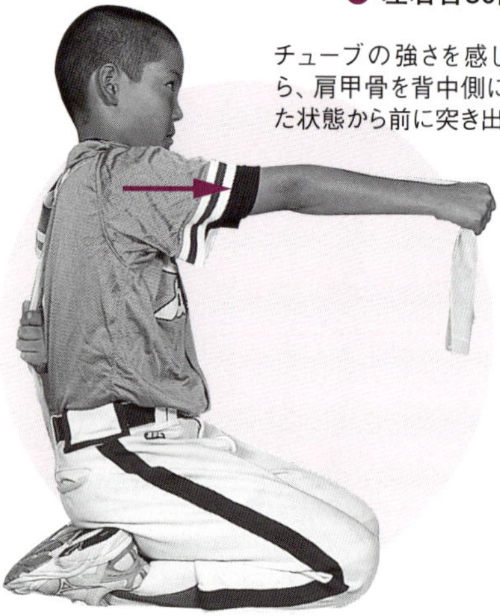
チューブの強さを感じながら、肩甲骨を背中側に引いた状態から前に突き出す

肩甲骨エクササイズ

肩甲骨運動

低学年　高学年

● 5秒静止／20回 ●

うつ伏せの姿勢で腕を肩の高さまで上げ、ひじを90度に曲げる。曲げたひじの下にペットボトルをおき、そのままの角度で倒さないように、腕ごとひじを床から持ち上げる。

肩やひじを強化して、故障を防ぐためのトレーニング。

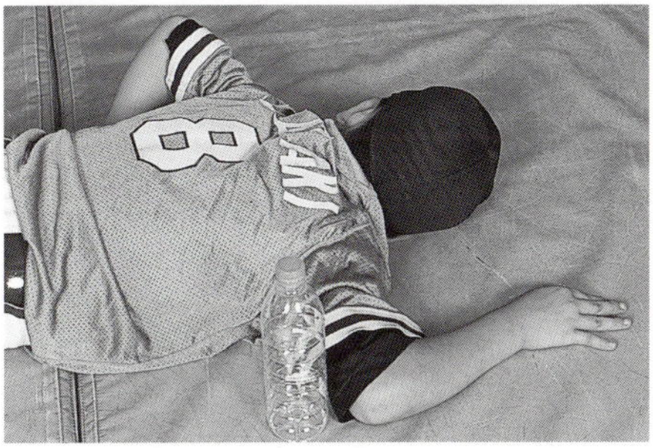

肩からひじを水平、ひじから上腕を90度に曲げる

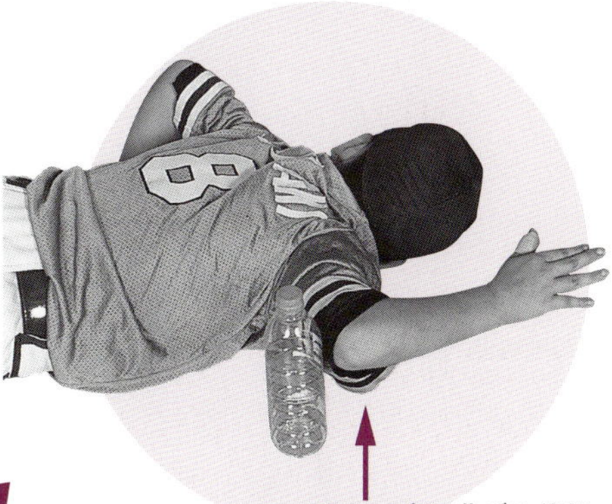

ひじを90度に曲げた状態でひじを腕ごと上げる

ゼロポジショントレーニング

低学年　高学年

● 5秒静止／20回 ●

“ゼロポジション”とは、肩のまわりの筋肉と腕の骨が一直線になる角度のことで、この角度で腕を振ると、肩にかかる負担を最小限におさえながら、もっとも効率よく速いボールが投げられる。ゼロポジションで腕を振る感覚を身につける運動。

ゼロポジションの外側にあるひじのそばにペットボトルをおく

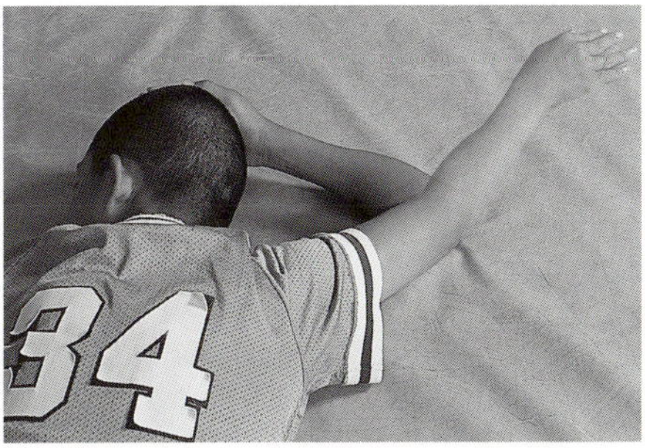

ここでひじを固定して腕を伸ばすとゼロポジション

おいたペットボトルに触れないように腕を上げる

メンコエクササイズ

正三角形

低学年　高学年

● 数分 ●

目標に対してまっすぐ構えたら、腕がしなるように引き上げ、ひじや手首を自然にひねりながら投げる

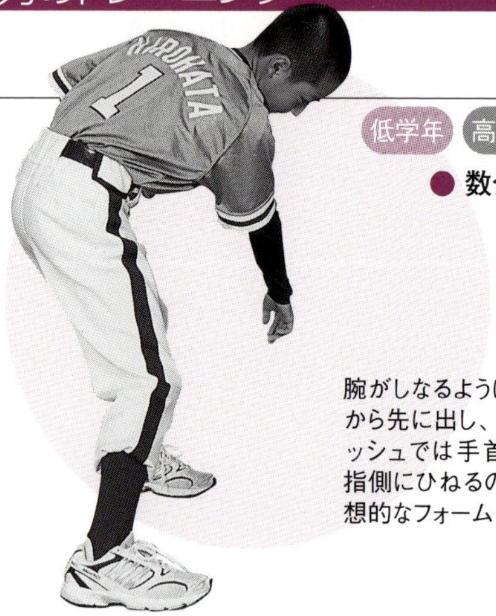

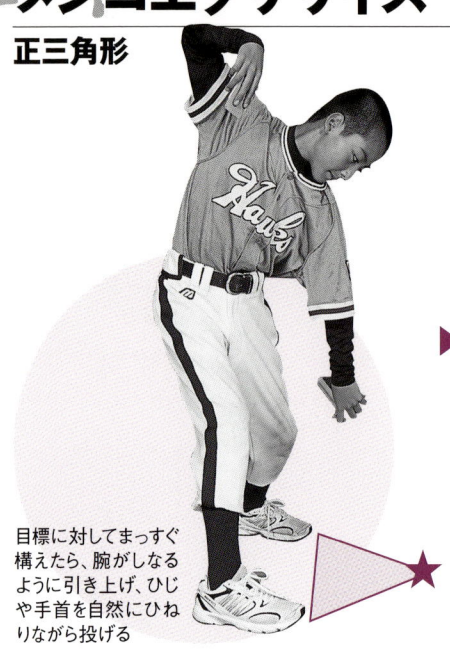

腕がしなるようにひじから先に出し、フィニッシュでは手首を親指側にひねるのが理想的なフォーム

メンコ遊びは野球の“投げる”動作に似ているので、トレーニングに取り入れるととても効果的。“正三角形”は、両足の位置とメンコを投げる目標を結ぶと正三角形になるもの。腕のしなりと手首の返しをうまく使いたい。疲れない程度に遊び感覚で行うといい。

直角三角形

低学年　高学年

目標を、“正三角形”の位置から“直角三角形”の位置に変えたもの。スタンスを広めにとり、左足の横を目標に定めてメンコを投げる。“正三角形”に比べると下半身の動きや上半身のひねりが必要になってくるが、メンコ投げの威力も増してくる。

● 数分 ●

狙うのは左足の横。両足と目標を線で結ぶと直角三角形になる。からだをバランスよく使って強く投げつけたい

右足から左足に体重が移り、ひじから先に動き手首をひねるようにして打ちつけることで、投球フォームに近づく

●メンコが入手しにくい場合は、厚紙にガムテープを巻いたもので代用すればいい

直線

低学年　高学年

目標を"直角三角形"から"直線"に変えて力強くメンコを投げる。軸足となる右足、踏み出す左足、メンコを投げる目標を結んで一直線になるようにする。

ここまでくると、かなりピッチングフォームに近づいているのがわかる。

● 数分 ●

左手で目標を指しながら両腕を内側にひねるなど、投球フォームにどんどん近づいていく

フィニッシュはひねりながら行う。腕の振りがよくなり、左足に体重が完全に移って右足の裏が上を向くようになる

斜め板

低学年　高学年

メンコエクササイズの最後は、斜めにおいた板に向かってメンコを投げつけるもの。ここまで来るとほとんど投球フォームと変わらないからだの使い方になる。

遊び感覚で投げる動作をどんどん習得してほしい。

● 数分 ●

教えて立花さん!!

Q　メンコ遊びは本当に野球の練習になりますか?

メンコを投げるときは、テークバックでひじを引きますが、そのときは、ひじが上で手首が下にきます。これが内旋した状態です。次に、テークバックから加速していくときは、ひじが振り下ろされ、手首がひじの上にきます。これが外旋した状態です。そして最後にメンコが放たれる瞬間は内旋です。

メンコの一連の動作は、投球動作のメカニズムとほとんど同じで、ひじをムチのようにしならせることで、メンコを放つスピードもどんどん増していきます。とくにメンコはボールよりもはるかに軽く、肩を傷めたりする心配がほとんどありません。こんなにいい遊びはほかにないと思います。ぜひ取り入れてください。

ファンエクササイズ

外内旋

低学年

“ファンエクササイズ”とは、大きめのうちわであおぐ動作の、低学年向けのエクササイズのこと。

“外内旋”は、小さく「前ならえ」した状態で立ち、ひじを固定してうちわを外から内、内から外にあおいで風を起こすようにする。

● 左右各30〜50回 ●

まっすぐ立って左手を右の脇腹に添え、右のひじを固定した状態でうちわを外、内、外に振る

▼

人差し指と中指でうちわの外側を支えるように持つといい。からだがぶれないようにして大きな風を起こそう

内外旋

低学年

まっすぐ立った状態で、手に持ったうちわを足に添えるような位置からスタートし、ひじを伸ばしたまま肩の高さまであおぐ。

手首がぶれないようにしっかりあおぐと大きな風を起こすことができ、効果的なトレーニングになる。

● 左右各30〜50回 ●

うちわを持って「気をつけ」をした状態でまっすぐ立つ

▼

真横ではなく、少し前ぎみに肩の高さまで平行になるように腕を上げていく

ひじ曲げ伸ばし

低学年

小さく「前ならえ」した姿勢で、まっすぐに立つ。手のひらが正面を向くようにうちわを持ち、ひじを脇腹に添えて固定したまま、上下にあおぐ。

うちわでしっかり空気をとらえて大きな風を起こすほど、トレーニング効果が高くなる。

● **左右各30〜50回** ●

右ひじを脇腹で固定して、人差し指と中指でうちわの外側を支えて下からあおぐ

ひじから先を肩の手前まで引いてあおいだら、折り返して下に向けてあおぐ

手首曲げ伸ばし

低学年

まっすぐ立った状態で、ひじが直角になるように腕を脇腹に添え、うちわを立てて左右にあおぐ。

うちわを持ったほうの手首をもう片方の手でつかんで固定し、手首だけで振るのがポイント。スナップを強化できる。

● **左右各30〜50回** ●

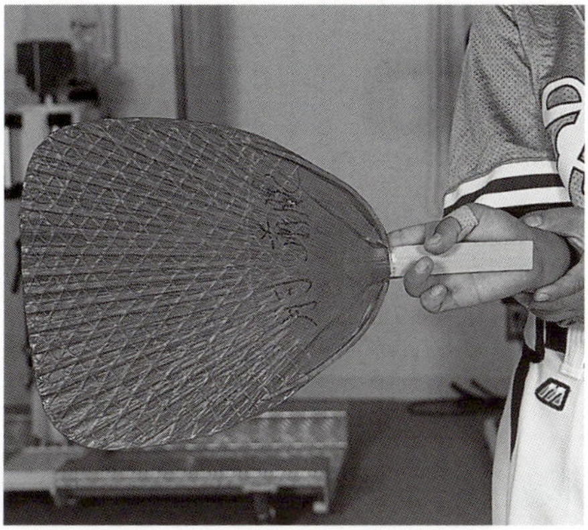

ファンエクササイズ

手首ひねり

低学年

　手のひらが上になるように、うちわを逆手で握ってまっすぐ立つ。
　次に、ひじが直角になるように腕を脇腹に添えたら、もう片方の手でその腕を支えて固定し、手のひらが下を向く位置まで手首をひねりながらあおぐ。

● 左右各30～50回 ●

右ひじを脇腹に添えて固定し、直角に曲げたら、うちわを逆手で握り、左手で手首を固定する

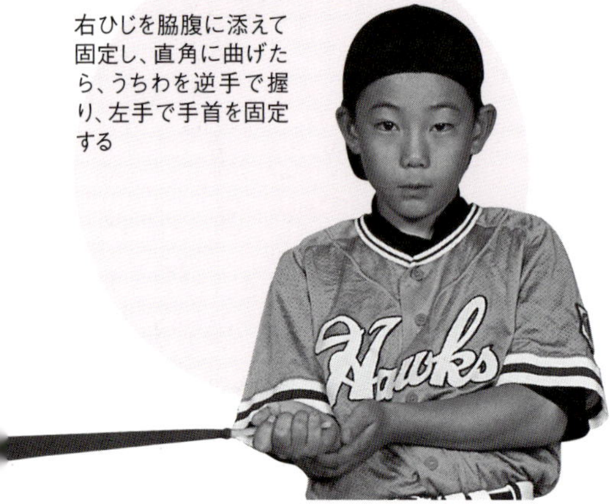

右手で逆手に持っていたうちわを、順手の状態までひねるように手首を返しながらあおぐ

床エクササイズ

反復横跳び

低学年　高学年

● 20秒 ●

　1m20cm間隔に引かれた3本のラインをまたいで左右に往復し、20秒間で何回できるかをカウントする。腰を落とし、上体がぶれずに下半身をうまく使えるようになるとスピードが増す。敏捷性を磨くのに効果的。

中央のラインをまたいで左右にすり足

右側のラインをまたぐときは右足体重

左側のラインをまたぐときは左足体重

目のエクササイズ

眼球運動

低学年 高学年

1マスの大きさは5cm角が目安。縦7×横7、合計49程度のマスがあればいい

文字や数字、図形をランダムに書いたボードから30〜40cm離れて立ち、顔を固定した状態で、左上、右下、左上の2番目、右下の2番目、…の順にマスを目で追う。意識しないとあまり動かさない眼球を、大きく動かす運動。"周辺視野"を広げる効果がある。

● 5往復 ●

8	D	9	C	M	3	Z
R	4	T	F	S	2	A
L	△	N	Y	1	B	1
E	6	F	G	5	N	X
P	□	H	L	O	9	G
Z	A	V	7	R	S	T
R	B	2	4	C	Z	7

遠近運動

低学年

同じ数字や記号を並べた大小のボードをつくり、大きいほうを遠くの壁に貼って、小さいほうを手に持つ。大きいボードの左上を3秒間見たら、小さいほうの左上に目をやり、すばやく焦点を合わせる。左上から順にくり返し行う。"動体視力"が磨かれる運動。

● 3秒／3分間 ●

教えて立花さん!!

Q 周辺視野を広げる運動はなんのために必要ですか?

周辺視野が広いほど、たとえば危険な状況をいち早く察知して、交通事故から身を守ったりする能力が高まります。野球でいえば、相手にスキを見せないプレーが可能になったり、相手のスキをついたりできるので、プレーの幅がどんどん広がるわけです。

人間には本来、広い周辺視野が備わっていますが、一点に集中すればするほど、まわりが見えなくなってしまいます。とくに子供は、大人に比べると一点に集中しすぎる傾向があり、野球のゲーム中にボーンヘッドによる凡ミスをしやすいのです。"眼球運動"で周辺視野を広げて、状況判断にすぐれた野球選手をめざせるよう指導していきましょう。

ペットボトルエクササイズ

リストカール

高学年

手のひらを上にして
ペットボトルをつかむ

片ひざを立てた状態で片方の腕を乗せ、空いたほうの手で腕をおさえて手首を固定する。そのまま手のひらを上に向けてペットボトルをつかみ、しっかり反った状態から手首を巻き込むように手前に引き寄せる。スナップの動きを強化する効果がある。

● **左右各30〜50回** ●

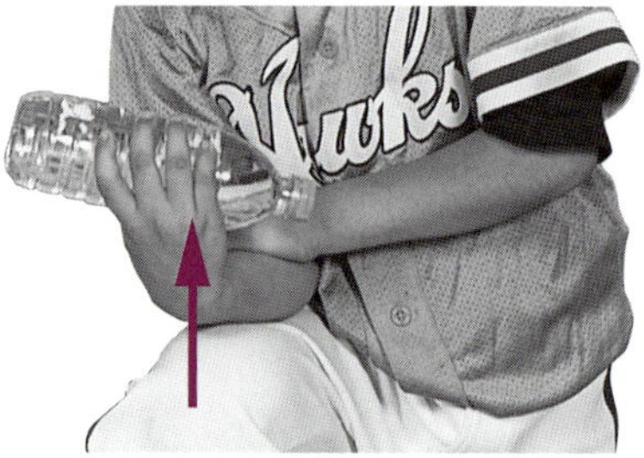

ひざを支点にして、手のひらを限界まで手前に巻き込むように引き寄せる

リストエクステンション

高学年

手の甲を上にしてペットボトルをつかむ

片ひざを立てて片方の腕を乗せ、空いたほうの手で腕をおさえて手首を固定する。そして手の甲を上に向けた状態にして、ペットボトルをつかむ。手首をたらした状態から、できるだけ手前に反らせて引き寄せる。手首を強くやわらかくする効果がある。

● **左右各30〜50回** ●

ひざを支点にし、手の甲を限界まで手前に巻き込むように引き寄せる

リストとう屈

高学年

まっすぐ立って左手で右腕を固定する

まっすぐ立って、片方の手をからだの横に添える。親指と人差し指が正面を向くようにしてペットボトルをつかんだら、もう片方の手で手首を固定する。そのまま小指側に曲げた状態から親指側に曲げる。手首を強くやわらかくする効果がある。

● **左右各30回** ●

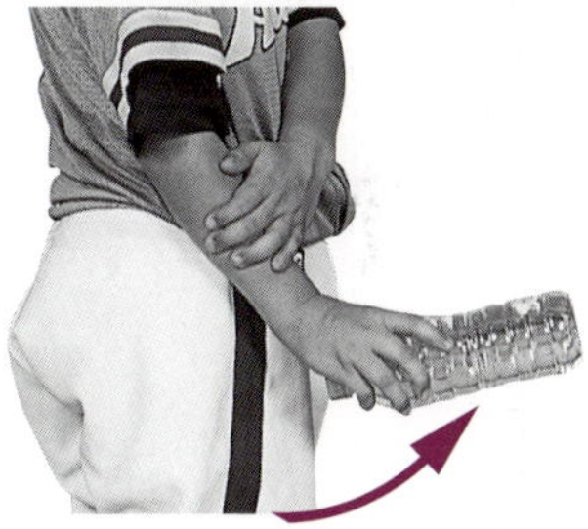

親指と人差し指が正面を向くようにペットボトルをつかみ、限界まで親指側に曲げる

リスト尺屈

高学年

ペットボトルを持ったら空いた手で固定

まっすぐ立って片方の腕をからだの横に添える。手の甲が外側になるように順手でペットボトルをつかんだら、もう片方の手で手首を固定し、小指側に曲げた状態から親指側に曲げる。

手首を強くやわらかくする効果がある。

● **左右各30回** ●

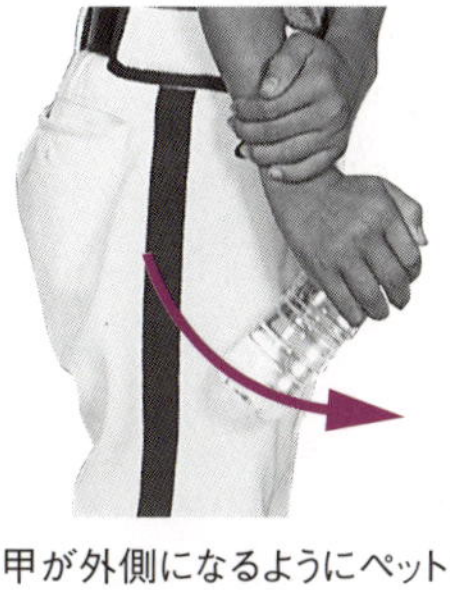

手の甲が外側になるようにペットボトルをつかみ、限界まで小指側に曲げる

ペットボトルエクササイズ

リストワイパー

高学年

片ひざを立てたまま、ひざに片方の腕を乗せる。ペットボトルの先端をつかんだら、もう片方の手で腕を固定し、手首を軸にして自動車のワイパーのようにペットボトルを左右に振る。

手首を強くやわらかくする効果がある。

● 左右各30回（15往復）●

片手でペットボトルをつかみもう一方の手で腕を固定

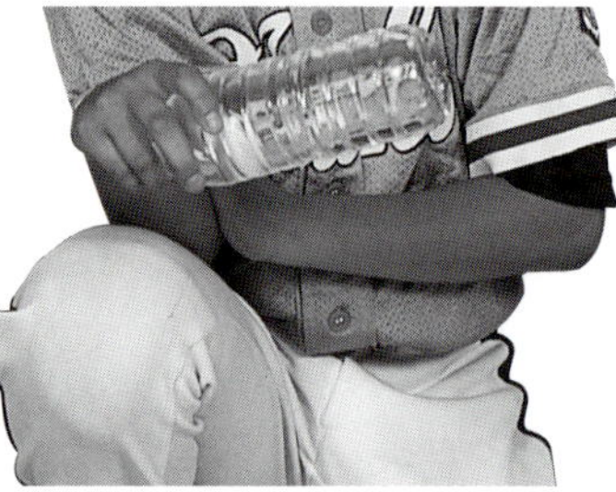

片ひざを立てて右手を固定し、手のひらが上を向いた状態から下を向く状態までしっかり振る

つかみ取り

高学年

両ひざを立てた状態で、胸の前でペットボトルの底を上から片手でつかみ、一瞬、手から放してから、つかみなおす運動。コツをつかめばすぐできるようになる。

ボールを握る感覚と握力をつけるのに効果がある。

● 左右各30回～50回 ●

両ひざを立てた状態で行う

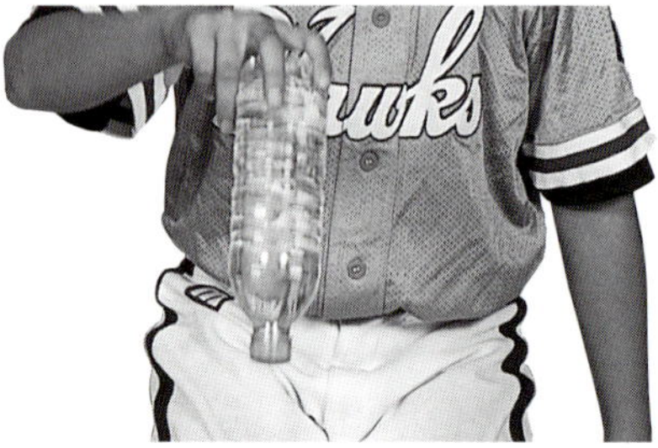

手を放す瞬間に、少しだけペットボトルを真上に持ち上げるように浮かせてから放すとうまくいく

トレーニングメニュー

野球のトレーニングは、場所と時間に応じて臨機応変にやることが大切です。テキパキとやれば効果が上がり、ダラダラとやれば効果が上がらないばかりか、ケガにつながる場合もあります。時間を有意義に使って、少しずつでも毎日続けることが大切です。

●2時間（通常練習メニュー／屋外）

- 軽体操 [2分]
- 股関節歩行 [3分]
- ストレッチ [5分]
- ランニング [5分]
- 全体キャッチボール [5分]
- 〈休憩〉 [5分]
- 守備別キャッチボール [10分]
  - ピッチング練習（バッテリー）
  - 早投げキャッチボール（内野手）
  - 遠投(外野手）
- 〈休憩〉 [5分]
- 守備別ノック [15分]
  - 内野手
  - 外野手
- シートノック [10分]
- 〈休憩〉 [5分]
- トスバッティング [15分]
- バッティング練習 [10分]
  - 素振り(各自）
  - ティバッティング（各自）
- 〈休憩〉 [5分]
- フリーバッティング [15分]
- ほかのスポーツ（サッカーなど） [5分]

●1時間（通常練習メニュー／屋外）

- 軽体操 [2分]
- 股関節歩行 [3分]
- ストレッチ [5分]
- ランニング [5分]
- 全体キャッチボール [5分]
- 〈休憩〉 [5分]
- シートノック [10分]
- トスバッティング [15分]
- バッティング練習 [10分]
  - 素振り（各自）
  - ティバッティング（各自）

●30分間（トレーニングメニュー／屋外）

- スキップ [3分]
- トゥタッチ [3分]
- ターン（1種） [3分]
- ランジウォーク [3分]
- キャリオカ [3分]
- サイドステップ（1種） [3分]
- ミラー（1種） [3分]
- リアクションコーチ [3分]
- ラダー（1種） [3分]
- ダッシュ [3分]

●30分（低学年トレーニングメニュー／屋内）

- バランスビームエクササイズ（1種） [2分]
- バランスボードエクササイズ [2分]
- ディスクエクササイズ（3種） [2分]
- 矢印エクササイズ [2分]
- マットエクササイズ（3種） [3分]
- 椅子エクササイズ [2分]
- チューブエクササイズ（3種） [5分]
- 肩甲骨エクササイズ [2分]
- メンコエクササイズ [3分]
- 目のエクササイズ [2分]
- うちわエクササイズ（3種） [5分]

●30分（高学年トレーニングメニュー／屋内）

- バランスボードエクササイズ [2分]
- ディスクエクササイズ（3種） [2分]
- 矢印エクササイズ [2分]
- バランスボールエクササイズ [2分]
- マットエクササイズ（3種） [3分]
- 椅子エクササイズ [2分]
- チューブエクササイズ（3種） [5分]
- 肩甲骨エクササイズ [2分]
- メンコエクササイズ [3分]
- 目のエクササイズ [2分]
- ペットボトルエクササイズ（3種） [5分]

あとがき

“いい選手”と呼ばれている人たちには、ある共通点があります。それは「自発的に練習する」ということです。大きく伸びる選手、または選手を大きく伸ばすために大切なのは、まず自発的に取り組む心をつくることです。それでは、どのような要素が子供の自主性を育てるのでしょうか？　それは「野球が好き！」といえる気持ちをどれだけ強く持てるかです。私はちまたで使われている「根性」という言葉は好きではありません。しかし、本当の意味での“根性”とは、どれだけ野球が好きかということなのではないでしょうか。好きであれば、はたから見ていてつらそうでも上達のためにがんばれるのです。ですから将来の人間形成に大きな影響を及ぼす小学生時代に、いかに野球が好きになれるかがもっとも大切なことだと思います。

こまかい技術や戦術は成長してからでも習得できます。指導者の方々は、子供の時期にしかできない心の部分、感性の部分を育てて、野球を大いに楽しませてあげてください。

著者

立花龍司

たちばな・りゅうじ

1964年大阪府生まれ。
浪商高校、大阪商業大学野球部で投手を務め、天理大学体育学部でスポーツ医学を専攻。高校時代に肩を壊し、大学3年時にプレー続行を断念するも、「日本の野球界を変える指導者に」との思いから、当時日本にその言葉すら存在しなかったコンディショニングコーチの道を歩みはじめる。89年コンディショニングコーチとして迎えられた近鉄バファローズで故障者の激減が評価され、多くの選手から信頼を得る。その後、94〜96年千葉ロッテマリーンズ、97年1月には日本人初のメジャーリーグコーチとしてニューヨークメッツへ。帰国後、千葉ロッテと再契約し00年10月退団。05年10月、東北楽天ゴールデンイーグルスに入団。06年、バレンタイン監督の要請に応え、千葉ロッテに入団。01年4月、大阪府堺市に設立した阪堺病院SCA（ストレングス&コンディショニング　アカデミー）での、コンディショニングコーチ業のかたわら、各種講演やメディアを通じコンディショニングの重要性を説く活動に努めている。

今回取材にご協力いただいたチームおよび選手たち

ジュニアホークス

廣畑一輝、赤﨑大地、西川裕大、鶴岡宏樹、髙 松亮、豊住一穂、臼井慎二、坪内太佑、田村龍弘、辻本裕二、今村行汰、山崎貴之、山口翔大、畠山喜久男

監督 栗川雅典

ジュニアホークス
南海ホークス（現・福岡ソフトバンクホークス）の下部組織として設立。本書の著者も少年時代に在籍。現在まで多くの有名選手を育て上げ、今なお精力的に活動を続けている

●著者

立花龍司（たちばな りゅうじ）

1964年大阪府生まれ。浪商高校、大阪商業大学野球部で投手を務め、天理大学体育学部でスポーツ医学を専攻。89年、コンディショニングコーチとして迎えられた近鉄バファローズで故障者の激減が評価され、多くの選手から信頼を得る。94〜96年に千葉ロッテマリーンズで務めたのち、97年には日本人初のメジャー リーグコーチとしてニューヨークメッツへ。帰国後、千葉ロッテと再契約し、2000年10月退団。05年10月、東北楽天ゴールデンイーグルスにコンディショニングディレクターとして入団。06年、バレンタイン監督の要請に応え、千葉ロッテに入団。01年4月、大阪府堺市に設立した阪堺病院SCA（ストレングス&コンディショニング アカデミー）でのコンディショニングコーチ業のかたわら、各種公演やメディアを通じ、コンディショニングの重要性を説く活動に努めている。

編集・執筆協力　権藤海裕（Les Ateliers）
執筆協力　吉崎透
デザイン　帆苅政義、雲野さな絵（fan）
イラスト　安ヶ平正哉
写真撮影　河野大輔
企画協力　岡泰秀（株式会社スポーツカンパニー）

立花龍司の

メジャー流 少年野球コーチング〔小学生編〕

著　者　立花龍司
発行者　髙橋秀雄
編集者　小元慎吾
発行所　**高橋書店**
〒112-0013　東京都文京区音羽1-26-1
編集 TEL 03-3943-4529 / FAX 03-3943-4047
販売 TEL 03-3943-4525 / FAX 03-3943-6591
振替 00110-0-350650
http://www.takahashishoten.co.jp/

ISBN978-4-471-14230-8